Eine Ode an das Licht

Marga Bijvoet

Eine Ode an das Licht

Raoul Dufys *La Fée Électricité*

lex-icon

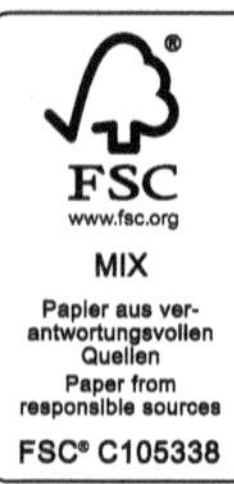

Bibliographische Information der Deutschen Nationalbibliothek
Die Deutsche Nationalbibliothek verzeichnet diese Publikation in der
Deutschen Nationalbibliographie:
dataillierte bibliographische Daten sind im Internet abrufbar unter
https://www.dnb.de/

© 2025 Marga Bijvoet, Alle Rechte vorbehalten
Satz und Gestaltung: lex-icon.eu
Verlag: BoD · Books on Demand GmbH,
Überseering 33, 22297 Hamburg, bod@bod.de
Druck: Libri Plureos GmbH,
Friedensallee 273, 22763 Hamburg
ISBN: 978-3-7693-6754-6

Anrufung der Venus:

Mutter der Aeneaden, der Menschen und der Götter Wonne, Venus, Spenderin des Lebens, du bist es, die unter den ruhig gleitenden Zeichen des Himmels das Schiffe tragende Meer, das frucht tragende Land belebt. Dir verdankt alles Belebte Empfängnis, den ersten Blick auf der Sonne Licht. Dich, sobald du nahest, Göttin, fliegen die Winde, die Wolken des Himmels, dir sendet die vielgestaltig schöpferische Erde liebliche Blumen empor, dir lacht hell die Fläche des Meeres; und der Himmel, ruhig nun, ist durchflossen von gleißendem Licht.

Lukrez, *Über die Natur der Dinge*[1]

---

1   Titus Lucretius Carus, *De rerum natura, Über die Natur der Dinge.* Neu übersetzt (und reich kommentiert) von Klaus Binder, Galiani, Berlin, 2015[2], S.39.

I

Dufys Farbenkosmos

Seit 1964 können Besucher des *Musée d'Art Moderne de la
Ville de Paris* in einem besonders hierfür eingerichteten
Raum das Monumentalwerk von Raoul Dufy bewundern:
La Fée Électricité. Das Gemälde war ein Auftrag der
Pariser Elektrizitätsgesellschaft *Compagnie Parisienne de
distribution d'électricité* für die Weltausstellung für Kunst
und Technik 1937 und begrüßt nunmehr gewissermaßen
den Besucher des Museums; ja, man kommt als Besucher
schwerlich daran vorbei: Kaum hat man den Eingang
durchschritten, wird man wie automatisch zur breiten
Treppe linkerhand geleitet. Oben angekommen erscheint
das große Gemälde in U-Form. Die Augen des Besuchers
richten sich als erstes auf das gegenüberliegende Ende
des Saals, eine in lichtem blau gehaltenen Fläche, gekrönt
von einem in dunklem blau abgesetzten Fries, die den
malerischen Hintergrund für die darin eingezeichneten
Motive bilden.

»Dufy beschäftigte sich schon immer mit optischen
Effekten, nicht nur beim Zeichnen und Mischen der
Farben auf der Palette, sondern auch und vor allem mit
der Reaktion der Farben untereinander, wenn sie auf der
Leinwand nebeneinander gestellt werden und so einen

quantitativen und qualitativen Einfluss aufeinander
ausüben.«[2]

Über den skizzenhaften Umrissen eines Elektrizitätswerks mit Dynamos, Rohrleitungen und Turbinen thront
die Götterwelt des Olymp. Von dort schwebt links
Hermes' hochgewachsene Gestalt herab, zu erkennen an
den geflügelten Sandalen und dem Hermesstab. In der
Linken hält er ein besonders unübliches Attribut, ein
Füllhorn. Dufy hat Hermes außerdem einen *petasos*, einen
im antiken Griechenland getragenen Filzhut aufgesetzt.
Über Gittern, die einen Faraday'schen Käfig andeuten
(Faraday steht links neben der Anlage) blitzt es. Der Blitz
einer elektrischen Entladung – als Symbol des Lichts –
verweist indirekt auf Zeus, der oben auf dem Olymp
thront. Dieser Olymp deutet ein Himmelsgewölbe an, das
die Maschinen nach oben hin abschließt. Der Gott Zeus
(Jupiter) war der Gott des Blitzes und des Donners und
damit der Herrscher über die Welt. Inmitten von acht der
zwölf olympischen Götter und Göttinnen sieht man (vom
Betrachter aus) rechts Hera, Aphrodite und Ares, links
stehen Athene, Apollo und Dionysos. Gleich unter Ares
steigt Neptun mit wehender Fahne aus den Wolken.
Durch eine recht deutliche Trennung der in Blautönen
schattierten Maschinen des Elektrizitätswerks darunter
hat Dufy den olympischen Göttern eine eigene, in ver-

---

2   Pierre Courthion, *Mes Causerie avec le peintre*, Perpignan, 2 mai,
    1948, in: *Raoul Dufy*, Genf [Pierre Cailler] 1951. p. 42.

hältnismäßig dunklem Graublau ausgeführte Sphäre geschaffen.

Wendet sich der Besucher nach rechts, trifft er auf eine vollkommen andere Stimmung. Die große hellrote Fläche rechts oben neben der Fabrik springt zuallererst ins Auge, eingezeichnet mit den Umrissen eines Wasserturms oder einige Vögel im Flug. Während sie den den Blick nicht zu fesseln vermögen, kann die gesamte weitere rechte Seite den Betrachter eine zeitlang beschäftigen: Sie liest sich wie eine spannende Geschichte. In das Farbschema überwiegend heller Grüntöne mischen sich gelbe und rosa Töne. Auf der grünen Fläche – Grasfeld oder Weide – erblickt man drei in eine antike griechische Toga gekleidete Gestalten, die drei griechischen Philosophen, welche wir als jene Universalgelehrte bezeichnen würden, die einen wichtigen Beitrag zur Entwicklung von Konzepten über das Licht und elektrische Erscheinungen geleistet haben: Aristoteles und Archimedes mit Thales von Milete in ihrer Mitte. Die Weide wird von einem dunkelgrünen Wald — einem Heiligen Hain — begrenzt, mit einer auffälligen Eiche voll Vögeln neben einem Acker in einer Art hellrot. Die Luft (oder eine Wasserfläche) beginnt sich aufzuklaren unter der soeben aufgegangenen Sonne. Ein neuer Tag beginnt.

Auf die Figuren wie den Hirten mit seiner Herde auf dem Feld oder den Mönch komme ich später zurück. Zunächst möchte ich den Blick auf einhundertneun wissenschaftliche Entdecker und Philosophen lenken – ›savants-penseurs‹, die von rechts nach links die ganze untere Ebene in Anspruch nehmen, lediglich durch das blaue Elektrizitätswerk geschieden. Sie repräsentieren die westliche Entwicklung der Wissenschaften, von Technik und Philosophie von der Renaissance bis zur Gegenwart – soll heißen, bis 1937, dem Jahr der Entstehung von *La Fée Électricité*. Diese Abteilung beginnt mit dem Naturphilosophen und Franziskanermönch Roger Bacon und endet – via Blaise Pascal, Leonardo da Vinci, Galileo Galilei, Robert Boyle, Alessandro Volta, François Arago u.a. – bei André-Marie Ampère. Sie waren gewissermaßen die Vorläufer der industriellen Entwicklungen – Physiker, Ingenieure, Elektrotechniker und Wissenschaftler, die den Weg der Kommunikationstechnologie bereitet haben – womit Dufy die Reihe linker Hand beginnend mit Faraday, dem Entdecker der elektromagnetischen Rotation (1821) und der Induktion fortsetzt. In dieser Reihe begegnet man bekannten ebenso wie weniger bekannten Gestalten, darunter Marcel Deprez, Werner von Siemens, Jules Joubert, Anthony Carlisle, Gaston Planté, James Clerk Maxwell, Samuel Morse, Heinrich Hertz, Graham Bell, Thomas Edison und Zénobe Gramme. Auf dieser Seite legt Dufy Nachdruck auf wissenschaftliche Entdeckungen, denen zahlreiche praktische Anwendungen folgten, insbesondere auf dem

Gebiet der Kommunikation. Mehr hierzu in der Gruppe der *savants-penseurs.* Nur soviel:

Anhand der dargestellten Gruppen der Wissenschaftler und Ingenieure nimmt Dufy auf verschiedene notwendige Stufen der technischen und industriellen Entwicklung Bezug. Auf einer gesonderten Ebene skizzierte er die durch sie entworfene neue Welt – eine Welt der motorisierten Transportmittel, Schiffe, Eisenbahnen, Flugzeugen. Von Baukränen, Gerüsten und Hangars der neuen Schiffswerften, wie er sie aus Le Havre und Brest kannte, repräsentiert durch ein Frachtschiff mit großem rotem Bug; von Bahnhöfen und Schienenwegen, der Beginn einer Welt der Reisenden, an die wir uns über die Jahrzehnte gewöhnt habe, die damals aber noch viele Herzen haben höher schlagen lassen. Und schließlich, nicht zu vergessen, eine Welt des künstlichen Lichts, der elektrischen Beleuchtung mit allen dazu gehörenden Effekten. Hierfür wählte Dufy zur Darstellung dieser neuen industriellen und technologischen Motive, Exponenten unserer westlichen Kultur, vorwiegend blaue und grüne mit ins Auge springenden roten und rosa Akzente. Als städtischen Exponenten wählte Dufy selbstredend Paris und natürlich bei Nacht, mit der kürzlich eingeführten elektrischen Beleuchtung von Montmartre mit bunten Neon-Reklametafeln in abendlich blauer Stimmung. Ins Auge fallen die beiden (Festungs-)Türme mit einer Art Lichtballons. Daneben spielt, in blassem Graublau, unter dem grellen Scheinwerferlicht ein grosses Synfonieorchester, begleitet von einem Chor. In diesem Licht fliegt über den Häupter der Musiker unsere *Fée Électricité* als Zentrum dieser Seite des Freskos.

Dufy malte sie in einen dünnen Schleier gehüllt, ohne Flügel, ihre Händen an den Ohren, als fliege sie der Lichtquelle entgegen. Was den Plan der Farben betrifft, die der Künstler benutzt, fällt auf, daß sich die Skala der überwiegend hellen und grünen Töne über ein vorherrschendes Blau für das Elektrizitätswerk und andere neue Industrien zur anderen Seite des Farbspektrums hin verschiebt. Dufy verwendet hier gemischte Farben, fast einen Regenbogen an Tönen, die zwischen graubraun, orangerot und grünblau abwechseln, um die Gruppen zu unterscheiden.Der helle, beinahe grelle Lichtstrahl ungefähr in der Mitte des Bildes springt so besonders ins Auge. Das Band aus goldgelbem Licht, worin die Fee fliegt, geht über in rotbraune Töne, die nach oben hin ins Schwarz einer dunklen Nacht übergehen. Hier funkeln einzelne Sterne und es leuchtet ein Sichelmond. Im Hintergrund dieser Farbflut sieht der Betrachter eine grafisch dargestellte Skala bekannter europäischer und einzelner außereuropäischer Symbole der Architektur. Links unten noch eben sichtbar sind die Umrisse des Kontrollturms des für die zivile Luftfahrt bestimmten, fast fertiggestellten Flugplatzes von Bourget, Sinnbild der Moderne. Bei all diesen Farbverschiebungen von der einen zur anderen Seite des Spektrums erhebt sich – trotz der Dominanz des Blau – der Gedanke, ob Dufy mit seinem Farbkosmos nicht allein eine wissenschaftlich-technologische Entwicklung unserer Zivilisation darstellen wollte, sondern darüberhinaus sowohl atmosphärisch als symbolisch auf die Trennung von Mensch und Natur in diesem mechanistischen Weltbild hinweist und – ungeachtet all des Zuversichtlichen, das von diesem Werk ausgeht – auch auf die möglichen Zerstörungen, welche der Fortschritt mit sich bringen würde.

So optimistisch Lucrez *De rerum natura* eröffnet mit dem Anrufen der Göttin Venus als »Spenderin des Lebens, du bist es, die unter den ruhig gleitenden Zeichen des Himmels das schiffe tragende Meer, das frucht tragende Land belebt. Dir verdankt alles Belebte Empfängnis, den ersten Blick auf der Sonne Licht«, so realistisch er die Entwicklungen der menschlichen Natur und seiner Umgebung mit all ihren positiven und negativen Seiten beschreibt, so pessimistisch endet *Buch VI* mit einer Darstellung der Pest in Athen. Möglicherweise dachte Lukrez dabei an die chaotischen Verhältnisse seiner Zeit, indem er auf die natürliche Vergänglichkeit von Allem – einschließlich der Götter – wies.

Ehe Dufy die Arbeit an der *Fée Électricité* aufnahm, hatte er sich in Lucrez' *De rerum natura* vertieft. Möglicherweise dachte der Künstler bei der Lektüre auch an die

Unruhe jener Jahre in Europa. Man sollte nicht vergessen, daß 1937 in Spanien schon ein Bürgerkrieg herrschte. Man kann überdies annehmen, daß die Drohung eines 2. Weltkriegs in der Luft lag. Wie Dufy aber bemerkt: »Sie müssen wissen – in meinem Gemälde gibt es weder Erde noch Himmel; es gibt Farben, deren Beziehungen untereinander den Raum bilden.«[3]

Dufy und die Weltausstellung von 1937

1936, am 7. Juli, wurde Raoul Dufy zur Teilnahme an der *Internationalen Weltausstellung* gebeten, die im folgenden Jahr unter dem Motto ›Kunst und Technik des modernen Lebens‹ stattfinden sollte. Die *Compagnie parisienne de distribution d'électricité* (*CPDE*) hatte den leitenden Architekten der für die Organisation zuständigen Kommission, Robert Mallet-Stevens (1886-1945), beauftragt, eine zu diesem besonderen Zweck entworfene, zeitlich befristete Konstruktion zu errichten, in der Absicht, »die Großartigkeit der Elektrizität« zum Ausdruck zu bringen und »ihren Wert für die Menschheit« herauszustellen.[4] Mallet-Stevens hatte sich schon einen Namen als Erneuerer der modernen Architektur gemacht. In Zusammenarbeit mit Ingenieur, Architekten und Stadtplaner Georges Henri Pingusson (1894-1978) und dem Ingenieur

---

3   Martine Contensou, La Fée Électricité, Éditions des collections de la Ville de Paris, Paris Musées, Paris, 2017, p.39.
4   Martine Contensou, op. cit., p.13.

Charles Malégarie (1886-1963), Direktor der 1907 ge-
gründeten *CPDE*, zudem Archäologe und Amateur-
künstler, der die Gesamtleitung innehatte, entwarf er den
Palais de Lumière. Pingusson erhielt den Auftrag, der
»gesellschaftlichen Rolle des Lichts« einen gebührenden
Platz innerhalb der Aktivitäten und dem Programm rund
um die Ausstellung zu verschaffen. Dufy sollte für die
gesamte hintere Wand der *Halle de l'Électricité* ein »deko-
ratives Gemälde« schaffen. Diese große Eingangshalle
sollte somit der künftigen *Fée* gewissermaßen als Mantel
dienen. Mehr noch, geplant war eine Konstruktion von
»gleichen Ausmaßen, gleichem Format, gleicher Krüm-
mung«, wodurch die Illusion einer panoramischen Pro-
jektion entstand.[5] Was die Beleuchtung betraf, wurde der
Saal, der über kein Tageslicht verfügte, in Übereinstim-
mung mit dem Thema – und in etwa so wie gegenwärtig
– mit künstlichem Licht erleuchtet.

Offenbar hatte Dufy gezweifelt, ob er den Auftrag annehmen wollte und verschiedenen Aussagen zufolge vertiefte er sich in *De rerum natura (Über die Natur der Dinge)*
von Titus Lucretius Carus, ehe er sich auf dieses Aben-
teuer einließ und zustimmte. Bernard Dorival, der die
erste Monografie über die *Fée Électricité* veröffentlichte,
wenngleich fast zwanzig Jahre später, 1953, schreibt: »Er
hatte kein bestimmtes Thema, sondern sollte lediglich die
Elektrizität verherrlichen. Raoul Dufy dachte nach, las

5   Martine Contensou, op. cit., p.16.

Lucrez noch einmal und erarbeitete innerhalb von drei Wochen einen Entwurf, den er der CPDE vorlegte.«[6] Raoul Dufys Gemälde mag daher oberflächlich gesehen die Elektrizität als Phänomen glorifizieren. Bei eingehender Betrachtung begab sich der Künstler aber auf eine ganze Anzahl weiterer Felder, wie noch zu zeigen sein wird.

Zunächst aber ein wenig über die Entstehung von Dufys Werk. In Anbetracht des Umfangs des Unternehmens kam Dufy sowohl technisch als auch inhaltlich nicht ohne die Hilfe einer gewissen Anzahl Mitarbeiter aus. Außerdem benötigte er für die Vorbereitung einen geeigneten Raum. Dieser wurde ihm von der *CPDE* im Norden von Paris zur Verfügung gestellt, in einem Teil eines Hangars des örtlichen Elektrizitätswerks in Saint-Ouen, Rue des Batelier 14, nicht allzuweit von Montmartre. Hier wurden sowohl alle Vorbereitungen getroffen als auch das Werk ausgeführt, sodaß Konstruktion und Montage vor dem endgültigen Aufbau vor Ort im *Palais de la Lumière* in ihrer Gesamtheit feststanden.

Zu seinem innersten Kreis der Mitarbeiter gehörten von Anfang an sein Bruder und Maler Jean Dufy, der Maler und Chemiker Jacques Maroger, sowie der Physiker Henri Volkinger, jeder mit einer besonderen Aufgabe

---

6   Bernard Dorival, La Belle Histoire de La Fée Électricité de
     Raoul Dufy, Paris, 1953, p.6.

betraut. Volkinger beriet ihn unter anderem bei der Wahl der Erfinder und Wissenschaftler, den ›savants‹. Sein Bruder Jean bestritt einen großen Teil der Voruntersuchungen, besuchte Museen, begab sich in Archive, Dokumentationszentren und Bibliotheken. Maroger wurde gebeten, eine besondere Mischung der verwendeten Farben und Farbtöne vorzubereiten. Der Chemiker studierte sein Leben lang die Alten Meister, um hinter ihr Geheimnis der Zusammenstellung der Ölfarben zu kommen, die auch Dufy eine gewisse Zeit interessierte. Ihm überließ der Künstler, die Farben, die er haben wollte, in den richtigen Verhältnissen zu mischen. Wie er einmal bekannte, hätte er diese Arbeit ohne Maroger nicht vollbringen können. Dufy seinerseits »unternahm zahlreiche Reisen. Er besuchte das Arsenal von Brest, um Schiffe und Kräne zu studieren, er sah sich französische Stahlwerke an und besuchte das Elektrizitätswerk Vitry-Arrighi und machte zahlreiche Skizzen.«[7]

Unter dem Titel »choses admirables« notierte Dufy in seinen Erinnerungen eine Anzahl Experimente und Entdeckungen, die er offenbar für Wert hielt, ihnen Aufmerksamkeit zu schenken. Überwiegend ließ er sich dabei wohl durch Stiche und andere Illustrationen anregen, denen er in den Merveilles de la Science von Louis Figuier begegnete. Aus sechs Teilen bestehend waren diese ›Wunder der Wissenschaft‹ zu jener Zeit die einzige

---

7   Bernard Dorival, op. cit., p.8.

populäre Ausgabe über die Geschichte der Wissenschaft und den daraus hervorgehenden industriellen Entwicklungen, wie z.B. die Dampfmaschine, das Dampfschiff, die Lokomotive und die Eisenbahn, der Elektromotor, die Volta'sche Säule (als Frühform der Batterie) oder der Elektromagnetismus, um nur einige zu nennen.[8] All die Kenntnis, die uns heute leicht über bibliographische Quellen, das Internet oder wikipedia zugänglich ist, mußten Raoul Dufy und seine Mitarbeiter sich auf zeitraubende Weise erst beschaffen.

Welch ein gewissenhafter und genauer Künstler Dufy war, zeigt sich anhand der vielen Vorstudien, Zeichnungen, Skizzen, Gouachen und Aquarelle und schließlich des Modells, die er anfertigte und sich jetzt in einer Privatsammlung befinden. Auch die Konstruktion, die Montage und der Aufbau an Ort und Stelle ist im Einzelnen dokumentiert. Dufy hatte sich für eine hölzerne Konstruktion entschieden, auf der die Schichtholzplatten – zu jener Zeit noch ein verhältnismäßig neues industriell gefertigtes Material – befestigt wurden. Diese Konstruktion ermöglichte es, das Kunstwerk nach Ende der Ausstellung wieder abzubauen, dessen Platten sorgfältig nummeriert aufbewahrt wurden. Das läßt darauf schließen, daß Dufy vorhatte, sein zu diesem besonderen

---

8   Louis Figuier, Les Merveilles de la science: Ou description
populaire des inventions modernes. Librairie Furne, Editeurs
Jouvet et Cie, 1867-1891 (6 volumes)

Anlaß geschaffene Werk zu bewahren, um es an anderer
Stelle zu anderer Zeit erneut ausstellen zu können. Raoul
Dufy sprach später über seine Arbeit für die *Exposition
universelle* von 1937 mit Pierre Courthion:

»Er berichtete über die Entstehung des riesigen Gemäl-
des, das wir auf der Ausstellung 1937 gesehen hatten. Er
hatte ein Jahr für zur Vorbereitung dieses gewaltigen Ap-
parats gebraucht, welcher die Geschichte der Elektrizität
unter dem Gesichtspunkt der Physik, der Wärme und der
Hydraulik zurückverfolgt. Dufy hatte dieses Gemälde,
die weltgrößte übermalte Fläche zunächst bei Freunden,
die ihm ihr Haus auf dem Land zur Verfügung stellten,
im Kleinen skizziert. Dann wurde es in Öl auf zweihundertfünfzig Sperrholztafeln von 1,20 m Breite und
2 m Höhe ausgeführt, die zusammen zehn Meter in der
Höhe und sechzig Meter in der Breite maßen. Es umfaßt
die Darstellung von etwa zweihundertfünfzig Gelehrten,
Philosophen, Physikern, Mathematikern und Elektrotech-
nikern seit Thales von Milet bis zum General Ferrié. Dufy
teilte sie in zwei Gruppen, jene der Forschung von Thales
bis Ampère und jene der Anwendung von Faraday bis
Ferrié. Die eigentliche Ausführung dauerte viereinhalb
Monate. Im Januar 1937 begonnen, war es am 24. Mai
fertig für die Ausstellung, wo es Mallet-Stevens zur
Installation im *Pavillon de l'Électricité* anvertraut wurde.
Bedauerlicherweise wurde es sehr schlecht beleuchtet,
wie Dufy meinte, und der schwarze Rahmen, der es um-

gab, erschlug es, anstatt es hervorzuheben. Stattdessen hätte man einen schönen Rahmen aus Aluminium nehmen sollen.«[9]

Die gegenwärtige U-Form erwartet vom Betrachter, daß er sich entweder nach links oder nach rechts wendet, so daß er immer nur einen Teil im Blick hat. Ursprünglich hatte das Gemälde die Form eines leicht gekrümmten Kreisausschnitts mit zwei Eingängen zu beiden Seiten des Gebäudes. Gegenüber der heutigen Anordnung betrat der Besucher auf eine ganz andere Art – entweder von rechts oder von links – den Raum, wodurch auch der visuelle Eindruck ein anderer gewesen sein muß. Man ging vor dem Gemälde entlang, was gewiß auch Folgen für sein ›Lesen‹ insgesamt hatte. Entweder man begann bei der Gegenwart und ging in der Zeit zurück und endet in einer Welt, in der das Handwerk noch gewürdigt wurde und die Natur das tägliche Leben beherrschte – oder umgekehrt. Möglicherweise verharrte der Betrachter nachdenklich in der Mitte bei dem von den olympischen Göttern gekrönten Elektrizitätswerk oder kehrte noch einmal dahin zurück. Die meisten werden in erster Linie von einem Kosmos der Farben fasziniert gewesen sein, durch die Reihe der Gestalten im Vordergrund, die mit Namen genannt werden. Natürlich ist das Gemälde ein Lobgesang auf die Entdeckung der Elektrizität.

---

9   Pierre Courthion, *Mes Causerie avec le peintre*, (Mercredi 12 mai,1948) in: *Raoul Dufy*, Pierre Cailler, Genf 1951, p.63.

Andererseits wird vielen Besuchern die Vielschichtigkeit des Themas und des Konzepts als Ganzem nicht entgangen sein.

Raoul Dufys *La Fée Électricité* rief von Beginn an Bewunderung hervor, und das ist so geblieben. Man fragt sich, worauf das zurückzuführen ist – die Farben und das Motiv berühmter Gestalten alleine kann es nicht gewesen sein. Verharrt nämlich der Besucher längere Zeit bei dem Werk, fallen nicht nur immer mehr Einzelheiten auf. Bei wiederholtem Besuch scheint es als habe das Werk nicht nur eine, sondern mehrere Strukturen; als erlaube es mehrere Sichtweisen, jede mit einer eigenen Schicht und Ebene. Und es war das, was mich dazu veranlaßte, diesen Essay zu schreiben. Dabei geht es nicht um eine endgültige Interpretation, vielmehr darum, mit Dufy auf eine gedankliche Reise in die westliche Geschichte um die Natur des Lichts in Mythologie, Philosophie, Wissenschaft und Technik und die Kunst zu gehen.

Die *Exposition universelle de Paris*, 1937

Die Weltausstellung von 1937 stand noch im Rahmen einer Reihe großer internationaler Ausstellungen in Paris, die der Präsentation industrieller und technologischer Entwicklungen gewidmet waren. Bei den meisten dieser Ausstellungen nahm auch die Ausstellung agrarischer

Produkte einen bedeutenden Raum ein, zumeist in einem getrennten Teil. Historisch gesehen war es, was Paris und somit Frankreich betrifft, die letzte *Exposition universelle* von solchem Umfang. Aus den zeitgenössischen Katalogen und Heften wird nicht eigentlich ersichtlich, in wieweit die Spannungen der Vorkriegszeit, die 1937 spürbar gewesen sein müssen, und die Organisation beeinflußt haben. In einem gewissen Sinn ist dies befremdlich, denn in Spanien herrschte Bürgerkrieg und in Deutschland hatte ein nationalsozialistisches Regime die Führung übernommen.

Es ist bekannt, daß innerhalb der Kommission, welche die Ausstellung organisierte, Uneinigkeit bestand hinsichtlich der Richtung, die man einschlagen wollte und bezüglich dessen, was man erreichen wollte. Allerdings, so Sylvain Agorgues: »In 1928 geschaffen, kodifizierte und reglementierte das *Bureau international des expositions* von da an die internationalen Zusammenkünfte. Insbesondere wachte es darüber, einen Ablauf sicherzustellen, der Rücksicht auf die Empfindlichkeiten und Rivalitäten der Gastländer nahm. Das Programm für die Weltausstellung 1937 entstand 1934, und es ist die neue Regierung der 1936 gewählten *Front populaire*, welche die *l'Exposition internationale des arts et techniques appliqués à la vie moderne* - die ›Internationale Ausstellung für auf das moderne Leben angewandte Kunst und Technik‹ - in Trümmern und Zwietracht eröffnet.« [...]

»Die Ausstellung von 1937 schloss die traditionellen Pavillons für Handwerk und Industrie aus und entwickkelte sich zu einem gigantischen Architekturwettbewerb, der einen Vorgeschmack auf die Weltausstellungen der Nachkriegszeit gab. Die junge Generation von Architekten kehrte der Vergangenheit unwiderruflich den Rücken und hatte nun freie Hand, um die Fantasie der Massen zu beflügeln. Der neue *Palais de Chaîllot*, der den alten Palast aus dem Jahr 1878 ersetzte, und das Museum für moderne Kunst sind die wichtigsten Zeugen dieser turbulenten Zeit, in der die Volksfrontregierung, die sich gegen den Senat stellte, keine bündige Vision eines starken Frankreichs durchsetzen konnte. Den Besucher beeindrucken vor allem die Pavillons des Dritten (!) Reichs und der UdSSR, die sich auf beiden Seiten des Warschauer Platzes gegenüberstehen. Die kolossale Statue *Der Arbeiter und die Kolchosfrau* im Pavillon der UdSSR, die von Wera Muchina geschaffen wurde, besteht aus rostfreiem Stahl und wiegt 65 Tonnen. Sie wurde in Moskau als Wächter über die Dauerausstellung der Errungenschaften der sowjetischen Industrie und Landwirtschaft wieder aufgestellt.«[10]

---

10 Sylvain Agorgues, Sur les traces des Expositions universelles Paris 1855 -1937, Parigramme, Paris, 2006, p.164ff. Zu den Weltausstellungen zwischen 1855 und 1937 existiert wenig Literatur, die eine gute allgemeine Übersicht liefert. Eine Ausnahme bildet das zitierte Werk von Agorgues.

Die erwähnten Spannungen scheinen also vor allem mit unterschiedlichen Vorstellungen über die Präsentation selbst zu tun zu haben. So wollte ein Teil des Organisationskomitees neue Wege beschreiten, jungen Architekten eine Chance geben. Zu dieser Avantgarde gehörten u.a. Le Corbusier, Robert Mallet-Stevens, André Lurcat, Georges-Henri Pingusson und Jean Prouvé mit den *›innovations techniques et plastiques‹*. Andere zogen es vor, an einem monumentalen und klassisch orientierten Neoklassizismus festzuhalten. Vorhersehbar führte dies zu Kontroversen und zu einer ziemlich paradoxen Situation, die sich auch auf den Architekturwettbewerb zur Teilnahme an den Projekten für die Ausstellung niederschlug, einen *›concours architectural‹*, wie er nach dem 2. Weltkrieg üblich wurde. Zu den traditionellen Beispielen par excellence gehörten die Pavillons Deutschlands und der UdSSR. Ihre monumentalen Pavillons sollten einander schließlich gegenüberstehen.

Unterstützt durch die sozialistische Regierung Léon Blum (der sich eine Friedensdividende erhoffte) präsentierte sich auch die neue Architektur. Unter den zeitgenössischen französischen Architekten, die ihre Projekte vorstellten, befand sich u.a. Le Corbusier. Dieser konnte jedoch nur seinen *Pavillon des Temps Nouveaux* verwirklichen, eine mit Segeltuch verkleidete Eisenkonstruktion, den *Pavillon de toile*, der später abgerissen wurde. Zu den moderneren Entwürfen gehörte auch der von Robert

Mallet-Stevens, dessen *Palais* oder *Pavillon de la Lumière* für Dufys *Fée Électricité*. Wie bereits erwähnt, war auch dieser Bau als Provisorium gedacht. Das Besondere an der Pariser Weltausstellung von 1937 war vielleicht die Rolle, die der zeitgenössischen Kunst in Form von Plakaten und Postern sowie einer Reihe von Wandmalereien zugedacht wurde, auf die ich noch zurückkommen werde.

Die Pariser Weltausstellungen von 1855 bis 1937

Zwischen 1855 und 1937 fanden in Paris neun Weltausstellungen statt, wovon die siebte – *Exposition des colonies francaises* (1907) – und die achte – *Exposition coloniale internationale* (1931) besonders den Kolonien gewidmet waren. Die Idee solcher Ausstellungen hatte ihren Ursprung 1851 in London, in *The Great Exhibition of the Works of Industry of all Nations* dessen Titel Programm ist: das völlig Neue bestand in der Vorstellung nicht nur der nationalen Werke, sondern auch denen der Nachbarländer. Frankreich war seinerzeit Ehrengast in der Abteilung ausländischer Aussteller und nahm dementsprechend einen hervorgehobenen Platz ein. Diese Weltausstellung wird noch immer in einem Atemzug mit dem *Crystal Palace* genannt, einer majestätischen Konstruktion aus Eisen und Glas, speziell für diese Gelegenheit errichtet. Für Kaiser Napoleon III. bestand kein Zweifel:

Frankreich durfte hiervor nicht zurückstehen. »Nach einem Besuch, der ihn stark beeindruckt hatte, gab Kaiser Napoleon III. sofort eine ähnliche Ausstellung in Frankreich in Auftrag, die für 1855 geplant wurde. Diese Entscheidung, die an der Spitze des Staates getroffen wurde, machte die Veranstaltung zu einem hochpolitischen Akt; Gleiches galt für die folgenden Ausgaben, die von der Macht gewollt, symbolisch stark aufgeladen waren.«[11]

Es folgte eine Reihe von Weltausstellungen in Paris, die alle ein bestimmtes Thema hatten und sich um einen großen zentralen Bau auf dem Champs-de-Mars drehten. Das Thema der zweiten Weltausstellung, die wiederum von Napoleon III. in Auftrag gegeben wurde, waren die militärischen Erfolge des Zweiten Kaiserreichs. Die folgenden Weltausstellungen folgten demselben Prinzip, wobei ein großes zentrales Gebäude auf dem Marsfeld und Umgebung als Forum für die neuesten technischen Errungenschaften diente.

So nahm bei der *Exposition universelle de Paris 1878* der *Palais de l'Exposition*, auch *Palais de fer* genannt – nach der Art und dem Material seiner Konstruktion –, den gesamten Champs-de-Mars mit einer Fläche von fast 420.000 m² ein, wo fast alle teilnehmenden Länder ausstellten, als eine Art ›Straße der Nationen‹. Nebenbei sei an dieser

---

11   Sylvain Agorgues, op.cit., p.13, p.18ff

Stelle das *Palais de Trocadéro* erwähnt, das eigens für diesen Anlass in einem seltsam eklektischen Stil erbaut wurde und in dem Empfänge stattfanden. Eigentlich als Bauwerk auf Zeit gedacht, beherbergte es eine Zeitlang zwei Museen, das *Musée des Monuments Francais* und das *Musée d'Ethnographie*, bis es im Rahmen der geplanten Weltausstellung 1937 dem Palais de Chaîllot weichen musste.

Besonders interessant mit Blick auf die Geschichte der Elektrizität ist, daß man an den Ausstellungen in Paris zahlreiche Anwendungen ablesen kann, die mit einer Reihe Veränderungen in der unmittelbaren alltäglichen Umgebung einher gingen. Das beginnt mit der Ausstellung von 1878, wo »Das Publikum im Palais des Marsfeldes erstmals damit konfrontiert wird, wie mittels Elektrizität Licht mit mit der elektrischen Kerze (der ersten Glühbirne) des Russen (Pawel Nikolejewitsch) Jablochkoff erzeugt wird.«[12]

Es war das erste Mal, dass das französische Publikum eine neue Art von elektrischer Beleuchtung bestaunen konnte; kein Herumhantieren mehr mit Öl oder Spiritus, obwohl dies nicht das Ende der Kerze bedeutete. Entlang der gesamten Avenue de l'Opera und der Place de

---

12 Sylvain Agorgues, op. cit., p.46, p.50. Plan géneral de l'Exposition, p.48-49.

l'Opera wurde eine Beleuchtung mit so genannten elektrischen Bogenlampen oder ›Yablochkov-Bogenlampen‹ installiert, die von Dynamos des belgischen Ingenieurs Zénobe Gramme versorgt wurden. Es sollte jedoch noch einige Jahre dauern, bis die Elektrizität als Beleuchtung die Nachtszene erobern würde. Zu den Neuheiten gehörten außerdem das Telefon von Alexander Graham Bell sowie das Megaphon und der Phonograph von Thomas Alva Edison. Kurz darauf fand eine weitere Ausstellung statt, die mehr oder weniger als Folgeveranstaltung zur Präsentation der Elektrizität auf der Weltausstellung von 1878 diente. Es handelte sich um die erste Internationale Elektrizitätsausstellung in Paris, die vom 15. August bis zum 15. November 1881 im *Palais de l'Industrie* auf den Champs-Elysées stattfand, das schon für die erste Pariser Weltausstellung von 1855 gebaut worden war und für die nachfolgenden *Expositions universelles* genutzt wurde. Sie sollte die großen Fortschritte der Elektrotechnik anschaulich machen. So konnte das Publikum etwa die Funktionsweise des Dynamos von Zénobe Gramme aus der Nähe miterleben; mit einem Gerät von Clément Ader, dem so genannten Theatrophon, konnte es Theateraufführungen live mithören. Es gab ein *Bell*-Telefon und verschiedene Arten von Glühbirnen, die damals auf dem Markt waren, darunter natürlich die von Edison. Darüberhinaus waren da noch ein elektrisches Verteilernetz von Marcel Deprez, ein elektrisch angetriebenes Boot von Gustave Pierre Trouvé und eine elektrische Straßenbahn von Werner von Siemens, die die Champs-Élysées auf und ab fuhr. Im *Teylers Museum* in Haarlem ist der niederländische Beitrag ausgestellt, der offenbar viel Aufmerksamkeit erregt hat: eine Elektrifizierungsmaschine. In diesem Zusammenhang sei daran erinnert, dass auf dem Kongress der Elektrotechniker im *Palais de Trocadéro* die Definition der Standardeinheiten Volt, Ohm und Ampère festgelegt wurde. Es wird uns nicht entgangen sein, dass wir die meisten der oben genannten Namen in der von Dufy ausgewählten Reihe von Wissenschaftlern und Denkern wiederfinden.

Die nächste große Pariser Weltausstellung, bei der die Elektrizität bereits eine wichtige Rolle spielte, war die von 1889, die vom 6. Mai bis zum 31. Oktober stattfand. Die Weltausstellung selbst ist vor allem durch den Bau des von Gustave Eiffel entworfenen Eiffelturms in Erinnerung geblieben. Nach 135 Jahren ist er immer noch der meistbesuchte und bewunderte Turm in Paris.

Einer der faszinierendsten Aspekte für die damaligen Besucher dürfte jedoch die Art der Beleuchtung gewesen sein, die viele der Aussteller verwendeten. Unter der Leitung von Joseph Bouvard ließen sie das zentrale Hauptgebäude des *Palais de l'Industrie et des Beaux-arts* mit seiner großen Kuppel während der Dauer der

Ausstellung elektrisch beleuchten. Auch die Springbrunnen davor wurden elektrisch beleuchtet. Darüber hinaus war und blieb die Präsentation der neuesten wissenschaftlichen und technologischen Entwicklungen der wichtigste Aspekt. Neben den Pavillons, die speziell der Demonstration der genannten elektrischen Anwendungen gewidmet waren, gab es einen sehr großen Bereich, in dem die neuesten Entwicklungen im Schiffbau und im militärischen Bereich gezeigt wurden. Diese wurden in einer eigens dafür errichteten Halle ausgestellt, der *Galerie des Machines*, auch *Palais des Machines* genannt; ein Gebäude von 420 Metern Länge, 115 Metern Breite und 48 Metern Höhe. Das von dem Architekten Ferdinand Dudert (1845-1906) und dem Ingenieur Victor Contamin (1840-1893) entworfene Gebäude war zu dieser Zeit das größte Gebäude aus Glas und Eisen der Welt. Es wurde während der Weltausstellung 1900 erneut genutzt und schließlich 1910 abgerissen.

»In diesem riesigen Palast entdeckten die Besucher pneumatische Hämmer, Hobelmaschinen, eine Tissot-Uhrenfabrik, Wahlmaschinen von Dayex, Zigarettenherstellungsmaschinen von Découflé und Charneroy. Die freien Künste, die schönen Künste und verschiedene Abteilungen werden in anderen, eher klassisch gestalteten Galerien auf dem Marsfeld präsentiert. Das Publikum begeistert sich für Phonographen und Telefone. Im Pavillon des Petroleums erfährt man, dass die Entstehung

dieses Brennstoffs möglicherweise auf die Destillation von Kohle oder Schiefer zurückzuführen ist, auf die Wirkung des Wassers, das bestimmte mineralische Substanzen sichert ....«.[13]
Erst während der großen Weltausstellung von 1900 werden indes die Möglichkeiten der Elektrizität ganz ausgespielt werden, dann aber in einem eigenen *Palais d'Electricité*: »Der Palais d'Electricité, teils aus Elementen des Palais du Champ-de-Mars von 1889 errichtet, wird von einem leuchtenden Stern überragt, über dem sich die Fée d'Électricité erhebt, eine sechseinhalb Meter hohe Statue, aufrecht auf einem Wagen, eine Fackel erhebend, welche mit ihren 50 000 Volt die Nacht erhellt. Die Beleuchtung dieses Sterns und des Wasserturms an der Fassade wurden 7 200 Glüh- und 17 Bogenlampen benötigt.«[14] Allerdings weichen die Beschreibungen der Anzahl verwendeter Lampen mit der erforderlichen Stromstärke voneinander ab.

Nicht nur das elektrische Licht erstrahlte auf dem gesamten Messegelände. Eine Reihe von Anwendungen, die heute – 124 Jahre später! – aus unserer Gesellschaft nicht mehr wegzudenken sind, wurden auf dieser Expo vorgestellt. Auf dieser Expo wurde auch zum ersten Mal die Rolltreppe vorgestellt, und nicht zuletzt wurde bei dieser Gelegenheit auch die erste Pariser Metrolinie in

---

13 Sylvain Agorgues, op. cit., p.81-82.
14 Sylvain Agorgues, op. cit., p.110.

Betrieb genommen. »Innerhalb der Ausstellung war der Rollsteig mit zwei Geschwindigkeiten (4,2 $^{km}/_h$ und 8,5 $^{km}/_h$) ein großer Erfolg. ›*Rue de l'Avenir*‹ genannt, besteht er aus zwei 3 km langen, auf Rädern montierten Plattformen, die wie ein endloser, sich in den Schwanz beißender Zug aussehen. Er ist auf einem Viadukt in 7 m Höhe über dem Boden installiert. Vom Quai Branly aus fährt er entlang der Avenue de La Bourdonnais bis zur Kreuzung der École militaire, dann links weiter in die Avenue de La Motte-Picquet, zurück über die Esplanade des Invalides und dann am Ufer der Seine zwischen den Pavillons der Rue des Nations-Étrangères – dem heutigen Quai d'Orsay – entlang, um wieder auf die Avenue de La Bourdonnais zu gelangen. Für weniger abenteuerlustige Reisende gibt es einen kleinen elektrischen Decauville-Zug, der denselben Weg zurücklegt, aber auf Schienen fährt, ähnlich wie die kleinen Züge in den heutigen Vergnügungsparks." [15]

Schließlich wurden auf dieser Weltausstellung einige Neuheiten in einem Bereich vorgestellt – heute würden wir ihn mit ›Medien‹ überschreiben –, der schnell populär wurde und gleichfalls zu einem festen Bestandteil unseres täglichen Lebens wurde. Zu den Hauptattraktionen gehörten die zahlreichen Panoramen mit Luftaufnahmen, ein *Cinema Scope* und die ersten Tonfilme der Brüder Auguste und Louis Lumière. Die Ausstellung, die

---

15 Sylvain Agorgues, op. cit., p.108ff

am 15. April eröffnet wurde und am 12. November ihre Pforten schloss, war damals zweifellos eine der meistbesuchten und erfolgreichsten überhaupt.

Wir wissen nur nicht, ob Dufy die Weltausstellung besucht hat. Er kam 1899 im Alter von dreiundzwanzig Jahren mit einem Stipendium der Stadt Le Havre nach Paris, das es ihm ermöglichte, sich an der *École des beaux-arts de Paris* einzuschreiben. Dufy wurde in das Atelier von Léon Bonnat aufgenommen. Soweit bekannt, lebte er in den ersten Jahren an verschiedenen Adressen, bis er sich in Montmartre in der Impasse Guelma 5 niederlassen konnte, wo sein Freund und Kollege Othon Friesz wohnte, der ebenfalls nach Paris gegangen war. Dieses Atelier sollte Dufy sein ganzes Leben lang behalten, obwohl er viel reiste, regelmäßig seine Heimatregion um Le Havre in der Normandie besuchte und längere Zeit in Südfrankreich verbrachte. So erlebte er sicherlich bewusst den völligen Wandel vom relativ dunklen nächtlichen Montmartre zu einem mit Elektro- und Neonlicht erleuchteten Stadtviertel, mit blinkenden Leuchtreklamen an den Fassaden der neuen Kinos und Varietés wie dem berühmten *Moulin Rouge*. Bis zur Weltausstellung von 1937, an der er selbst teilnehmen würde.

Wie schon angedeutet, bestand die Besonderheit der Weltausstellung von 1937 darin, dass die zeitgenössische bildende Kunst und nicht das so genannte Kunsthandwerk – ›arts and crafts‹ – in den Mittelpunkt gestellt werden sollte. Der Titel lautete nicht umsonst *L'Exposition des arts et techniques, appliqués à la vie moderne*. Léon Blum war der Initiator einer Vielzahl von Manifestationen und Ausstellungen der Avantgarde. Zum ersten Mal fand die relativ neue Werbung des Plakats oder Posters große Beachtung, mit Werken von Jean Carlu, Charles Loupot, Robert Falcucci und anderen. Besonders interessant ist die Aufmerksamkeit, die der Innen- und Außendekoration verschiedener moderner Gebäude gewidmet wurde, auch wenn diese überwiegend temporärer Natur waren. So wurde beispielsweise die Dekoration des *Palais de Fer* und des *Palais de l'Air* bei dem Künstlerpaar Sonia und Robert Delaunay in Auftrag gegeben, »unter der Bedingung, dass sie fünfzig arbeitslose Maler beschäftigen. Das Unternehmen war gigantisch und bestand aus einem 780 m² großen Gemälde für den *Palais de l'Air* und einer 1 772 m² großen Komposition für den Palast der Eisenbahnen, zu denen noch farbige Basreliefs und eine 150 m² große Tafel hinzukamen. Die Künstler waren in einer Werkstatt in der Porte Champerret versammelt und lebten und arbeiteten gemeinsam.« ... »Für den Palast der Eisenbahnen schufen Robert und Sonia Delaunay mehrere große Wandgemälde mit einer Fläche von jeweils 225 Quadratmetern, so auch *Voyages lointains.* Sonia Delaunay schuf weitere großformatige Monumentalgemälde für den *Palais de l'Air*, die heute im *Skissernas museum* im schwedischen Lund aufbewahrt werden, darunter *Moteur d'avion* und *Hélice et tableau de bord* ...«[16]

In Anbetracht des zeitlich begrenzten Charakters der architektonischen Konstruktionen können wir froh sein, dass einige der Wandmalereien erhalten geblieben sind. Von den Delaunays sind nur noch Fragmente im *Musée d'art moderne de la ville de Paris* zu sehen. Das von Fernand Léger für den *Palais de la Découverte* geschaffene Wandgemälde *Le transport des forces* (4,90 m x 8,70 m) ist heute Teil der Sammlung des *Centre national des arts plastiques* in Paris. Das *Centre* hat es dem *Musée national Fernand Léger* in Biot an der Côte d'Azur für einen Zeitraum von fünf Jahren - von 2021 bis etwa 2025 (?) – als Leihgabe zur Verfügung gestellt. Keines der abstrakten Gemälde deutet auf die international angespannte politische Atmosphäre hin, die auch den Expo-Organisatoren nicht entgangen sein dürfte. Mit einer Ausnahme. Der spanische Pavillon hatte Pablo Picasso eingeladen, der sein Werk *La Guernica* präsentierte. Weit entfernt von dem Ruhm, der dieses Werk heute umgibt, wurde *La Guernica* nur mäßig begeistert aufgenommen. Im Gegenteil, offenbar war man sogar kurz davor, das Gemälde aus dem Pavillon zu entfernen.

Raoul Dufys *La Fée Électricité* gehörte also zu diesem Programm und war ebenfalls als Provisorium gedacht

---

16   Sylvain Agorgues, op. cit., p.167.

(aber, wie erwähnt, vielleicht nicht vom Künstler selbst). Das monumentale Gemälde von Dufy überlebte jedoch eine Reihe von Missgeschicken. Manchmal fälschlicherweise als Fresko bezeichnet, war es so aufgestellt worden, daß es nach Ende der Ausstellung Tafel für Tafel abgebaut und von seinem Auftraggeber, der *Compagnie parisienne de distribution d'électricité* (*CPDE*), seit 1951 *Électricité de France* (*EdF*), eingelagert werden konnte. Seither wurde es einige Male ausgeliehen und ausgestellt, aber nur zu einem kleinen Teil.

Heute jedenfalls ist Raoul Dufys *La Fée Électricité* eines der am meisten bewunderten und gefeierten Kunstwerke im *Musée d'art de la ville moderne de Paris*, wo es, wie erwähnt, seit 1964 dauerhaft ausgestellt ist. Schon aus diesem Grund ist es äußerst verwunderlich, dass das Werk von Dufy in der großen Ausstellung *Paris - Paris 1937-1957*, die 1981 vom *Centre Georges Pompidou* organisiert wurde, keinerlei Beachtung findet; abgesehen von einer kleinen Vorstudie wird es nicht einmal erwähnt.[17]

---

17 *Paris – Paris 1937 – 1957*, Centre Georges Pompidou, 28 mai –
    2 novembre 1981.

II

Olympische Götter

Was mich besonders reizte, war die Tatsache, dass Raoul Dufy die Götterwelt des Olymps als zentrales Motiv an die Spitze stellte. Nun war es so, dass es seit der Jahrhundertwende (oder ein paar Jahrzehnte davor) ein neues Interesse an den ›Klassikern‹ gegeben hatte. Dufys Interesse an der Antike und seine Kenntnisse darüber sind allgemein bekannt. Eingangs wurde schon erwähnt, dass sich Dufy, bevor er sich entschloss, den Auftrag anzunehmen, zunächst in Lukrez' berühmtes Werk *De rerum natura* vertiefte. Nun ist es bemerkenswert, dass dieser Lukrez nicht glaubte, dass die Götter das Leben auf der Erde bestimmt oder gar beeinflusst hätten. Damit war er zu seiner Zeit ein Revolutionär. Das heißt aber nicht, dass er nicht an eine Götterwelt geglaubt hätte; nicht umsonst beginnt sein Werk mit einer Anrufung der Göttin Venus. Und so stehen bei Dufy die olympischen Götter und Göttinnen an der Spitze; man könnte sagen, er eröffnet sein Werk mit ihnen.

Offiziell residierten zwölf Götter auf dem Olymp, die mit ihren griechischen Namen Zeus, Poseidon, Hera, Demeter, Apollon, Artemis, Athene, Ares, Aphrodite, Hermes, Hephaistos und Hestia angesprochen wurden. Dufys

Olymp wird nur von acht der zwölf bewohnt, neun, wenn man Hermes mitzählt, der sich hier bereits zwischen den Welten bewegt. (Es scheint mir wenig sinnvoll, darüber zu spekulieren, warum der eine oder andere Gott oder die eine oder andere Göttin weggelassen wurde.) Die drei fehlenden Götter sind Demeter, Hephaistos und Hestia. In der Mitte sitzt Zeus, der Herrscher der Welt mit erhobenem Zepter und Blitzbündel. Zu seiner Rechten steht majestätisch Hera, Göttin der Familie und des Haushaltes, erkennbar am griechischen Gewand mit „königlicher Kopfbinde", ihren Stab in der Rechten. Neben ihr steht Apollon mit seiner Kithara oder Leier, der Gott der Poesie und der Musik. Er war auch der Gott des Lichts, der mit seinem Sonnenwagen über das Firmament fuhr und wurde daher später oft mit Helius gleichgesetzt. Den Abschluss der Reihe bildet Dionysos. Der Gott des Weines und der Ekstase, sitzt mit dem Kelch in der Linkenhand. Auf der anderen Seite, links von Zeus, sitzt die Göttin Athene. Sie ist nicht nur die Göttin der Weisheit, der Künste und der Wissenschaften, sondern wacht auch über den Ackerbau. Neben ihr stehen wiederum Aphrodite, Göttin der Liebe und der Schönheit, und Ares, der Gott des Kampfes und des Krieges, gekennzeichnet durch Speer, Schild und Helm. Direkt unter Ares steigt Poseidon aus den Wolken herauf und hält seine wehende Fahne in den Händen. Schließlich gibt es noch die große, gleichsam frei schwebende Figur des Hermes mit seinen charakteristischen geflügelten Schuhen, seinem Hermesstab (*Caduceus*) und dem *Petasos*, einem antiken breitkrempigen, auf Reisen getragenen Strohhut. Bei Dufy sieht die Geldbörse, die er normalerweise in der Hand hält, ähnlich aus wie ein Füllhorn - ein Symbol für Reichtum. Hermes ist der Bote der Götter, der zwischen den Welten unterwegs ist. Damit ist er der Gott des Verkehrs und des Handels, der auch die Reisenden zu beschützen hat. Dass die Götter und Göttinnen auf dem Olymp alle irgendwie miteinander verwandt sind, spielt dabei keine Rolle.

Den Mythen zufolge hatte Zeus von den Zyklopen Blitz, Donner und Zündkeil als Waffen im Kampf gegen die Titanen erhalten, die daraufhin besiegt und verbannt wurden. Auf Anraten von Gaia regiert Zeus nun die himmlische oder obere Welt, Poseidon wird der Gott der Meere und Gewässer und Hades jener der Unterwelt. Der römische Gott Neptun teilte sich ursprünglich die ›Oberwelt‹ mit Jupiter. Er war der Gott des fließenden Wassers, der Wellen und wohnte in den Tiefen der Ozeane. Erst später wurde er in die griechische Götterwelt aufgenommen und mit Poseidon, dem Gott der Meere, gleichgesetzt.

Die Götter haben alle nicht nur eine göttliche, sondern auch eine menschliche Seite, die sie gewissermaßen mit der Welt unter ihnen verbindet. In ihrer göttlichen Gestalt regieren – und kontrollieren - sie die Tätigkeiten und

Berufe, die von den Menschen ausgeübt und entwickelt werden. Im Laufe der Zeit wurden den Göttern und Göttinnen jeweils eigene Funktionen zugewiesen: Athene als Göttin der Weisheit, der Technik und der Kampfkunst; Hera als Göttin der Familie; Demeter wurde die Göttin des Ackerbaus und des Getreides; Aphrodite die Göttin der Schönheit und der Liebe; Hestia die Göttin des Herdes oder des Herdfeuers. Apollo habe ich bereits als Gott des Lichts erwähnt, aber er wurde auch zur Muse der schönen Künste und zum Beschützer der Bogenschützen; Artemis ist als Göttin der Jagd bekannt, aber sie ist auch die Göttin der freien Natur und der Wildnis, d. h. der Mutter Erde; Hephaistos beherrscht die Kunst des Schmiedens, mithin das Feuer und die Vulkane; Ares blieb einfach der Gott des Krieges; schließlich der bereits erwähnte Hermes als Gott des Handels und Götterbote, dem neben seinen vielen Aufgaben auch die des Schirmherren der Maler zugewiesen wurde.

Wie ich bereits erwähnt habe, wird in der Fee oft die Göttin Iris gesehen. Nach den griechischen Mythen ist sie die Tochter der Meerjungfrau *Elektra* und des Meeresgottes *Thaumas*. Im Griechischen kommt Ἶρις *(iris)* ursprünglich von εἴρω *(eiro)* und bedeutet ›sprechen‹ oder ›erzählen‹. Wir denken bei Iris sofort an das Auge, also an das Sehen bzw. an das Licht, was an die griechische Mythologie anknüpft, in der es heißt, dass die Göttin Iris, wenn ein Regenbogen am Horizont erscheint, (wieder einmal) eine Botschaft vom Himmel auf die Erde bringt. Auch sie war eine Götterbotin, die zwischen der Oberwelt der Götter und der irdischen Welt der Menschen hin- und herflog. Als Tochter der Elektra verweist Iris hier also vor allem auf das *Licht.* So wird ihr hier ein natürlicher Platz als Göttin innerhalb eines antiken, klassischen mythologischen und kulturellen Rahmens eingeräumt.

Denjenigen, die mit der antiken Mythologie einigermaßen vertraut sind, wird inzwischen aufgefallen sein, dass ich durchweg griechische Namen verwendet habe. Diese Verwendung hatte sich im Laufe des neunzehnten Jahrhunderts zunehmend durchgesetzt. Davor, zumindest bis etwa 1800, wurden römische Namen verwendet, da die verwendeten Quellen und damit das Wissen über das klassische Altertum hauptsächlich in lateinischer Sprache überliefert waren. Neue Forschungen auf dem Gebiet der Archäologie und der Altertumswissenschaften führten dazu, dass sich das Interesse und auch die Wertschätzung für die antiken Kulturen mehr in Richtung Griechenland verschoben. Auf dem Gebiet der Kunst- und Kulturgeschichte waren die Gedanken und Ideen von Johan Joachim Winckelmann (1717-1768) sicherlich ausschlaggebend für diese Aufwertung der griechischen Ästhetik, die seiner Meinung nach die römische weit übertraf. 1755 veröffentlichte Winckelmann seine *Gedanken über die Nachahmung der Griechischen Werke in der Malerei und Bildhauerkunst* (Dresden) in einer

Auflage von nur fünfzig Exemplaren, die jedoch in kürzester Zeit vergriffen war und sofort zu einer Nachauflage führte. Vielleicht haben auch die jüngsten Ausgrabungen und Entdeckungen in Griechenland dieses neue Revival ausgelöst, begleitet von einer zunehmenden Sammelwut in der Museumswelt. So war es einem gewissen Lord Elgin (Thomas Bruce, 7. Graf von Elgin, 1766-1841) Anfang des 19. Jahrhunderts gelungen, einen großen Teil der Parthenon-Skulpturen nach England zu bringen. Obwohl das Interesse und damit auch die Kenntnis der antiken Mythen und Sagen im Laufe des neunzehnten Jahrhunderts nachgelassen hatte, erwachte das Interesse am Ende des Jahrhunderts und zu Beginn des zwanzigsten Jahrhunderts wieder. Lars Olof Larsson zufolge war dies auf neuere Funde zurückzuführen, die eine Art »neue Antike« der »archaischen und vorarchaischen griechischen Kultur ans Licht bringen«.[18] Die ›neuen‹ archäologischen Entdeckungen hatten insbesondere auf die bildende Kunst dieser Zeit großen Einfluss. Wir sollten auch nicht vergessen, dass der Wandel des Geschmacks sicherlich auch mit dem Aufschwung des Interesses an afrikanischen und anderen Skulpturen sogenannter primitiver Völker infolge der europäischen Kolonisation zusammenhing. Vor allem afrikanische Masken waren beliebte Beispiele. Man denke an die afrikanische Periode von Pablo Picasso zwischen 1906 und 1909. Oder an die

---

18 Lars Olof Larsson, Antike Mythen in der Kunst, Stuttgart
   [Reclam] 2009, p.9.

Künstler des deutschen Expressionismus, darunter Karl
Schmitt-Rottluff, der selbst eine große Anzahl von Masken und anderen Objekten gesammelt hatte, oder an die
Gemälde von Ernst Ludwig Kirchner und Emil Nolde.
Viele der ethnografischen Objekte wurden als ›Beute-
kunst‹ an Privatpersonen und Museen verkauft. (Ein
mittlerweile bekanntes Beispiel sind die Benin-Bronzen,
von denen ein größerer Teil erst kürzlich zurückgegeben
wurde).

Trotz des wiedererwachten Interesses an der klassischen
Antike am Ende des neunzehnten Jahrhunderts wird das
durchschnittliche Wissen über die griechische und
römische Mythologie schon damals nicht sehr groß
gewesen sein. Es ist sogar zweifelhaft, dass die Besucher
die verschiedenen Götter anhand ihrer Attribute erkannt
hätten, geschweige denn in der Lage gewesen wären,
etwas über die mit ihnen verbundenen Geschichten zu
erzählen. Zur Zeit Giovanni Battista Tiepolos war dies
sicherlich anders und man kann davon ausgehen, dass
die Menschen nicht nur wussten, welche Götter dargestellt waren, sondern auch etwas über ihre mythologische
Stellung in der Götterwelt und ihre astrologische Position
innerhalb des Tierkreises wussten. Ein typisches Beispiel
dafür ist Tiepolos großes Deckengemälde *Allegorie der
Planeten und Kontinente (1753)* im Treppenhaus der
Würzburger Residenz, das nach neuesten Vermessungen
mit 677 m² Dufys Werk noch an Größe übertrifft.

Obwohl Dufy die meisten Götter in Form von Skulpturen von Besuchen in verschiedenen Museen wie dem *Louvre* und dem *British Museum* gekannt haben wird, erinnert mich die grafische Darstellung eher an antike griechische Vasen aus der Zeit der roten Figuren auf schwarzem Grund. Beide Museen besaßen umfangreiche Sammlungen griechischer und römischer Keramikvasen. Es ist bekannt, dass der Künstler sich sehr für die römische und griechische Antike interessiert hat. Ich habe bereits erwähnt, dass er sich vor seiner Entscheidung, den Auftrag anzunehmen, besonders von Lukrez inspirieren ließ. Dass er in seinem Atelier unter anderem einen Torso einer antiken Skulptur hatte, der immer wieder in seinen Atelierarbeiten auftaucht, ist nur ein visueller Hinweis in diese Richtung. Ob dies etwas mit den Schriften von Maurice Denis zu diesen Themen zu tun hat, ist schwer zu sagen. Unter den Namen von Künstlern, Dichtern und Schriftstellern, die in Dufys Freundeskreis regelmäßig auftauchen, begegnet uns sein Name kaum.

Allerdings war Denis einer der ersten, der ein Aquarell oder eine Zeichnung von Dufy kaufte, daher kannten die Künstler sich zweifellos, und innerhalb der Kunstwelt ist man sich bestimmt auch begegnet. Maurice Denis gehörten zu den wichtigsten Persönlichkeiten innerhalb der Künstlergruppe *Nabis,* der Dufy übrigens nie wirklich angehörte. Man kann aber sagen, daß Denis einen äußerst bedeutenden Beitrag zur Wiederbelebung der Klassiker und der italienischen Renaissance geleistet hat. Er war ausserdem einer der angesehensten Theoretiker und Kritiker der zeitgenössischen Kunst in der Zeit vor dem Zweiten Weltkrieg.[19] Wie viele seiner Künstlerkollegen reiste er nach Italien, wo er sich für die Kunst der (frühen) Renaissance begeistern lies, insbesonderen faszinierten ihn die Werke von Fra Angelico und Rafael.

Fast selbstverständlich unternahm auch Dufy einige Reisen in den Süden und besuchte Rom und Florenz, aber vor allem Sizilien hatte es ihm angetan. Schließlich war Italien immer noch angesagt und würde es noch lange bleiben. In der Korrespondenz beschreibt Dufy sein besonderes Interesse an der alten italienischen Malerei, vor allem an den Techniken der (frühen) Renaissance, außerdem an den sogenannten flämischen Primitiven wie Jan van Eyck oder Rogier van der Weyden. Schon früh in seiner malerischen Laufbahn mit verschiedenen Stilen und Sujets experimentiert, was ihm manchmal zum Vorwurf gemacht wurde. Richtungsweisend waren dann auch nicht so sehr religiöse Inhalte wie bei Denis. Sein Interesse galt vielmehr der Malerei an sich, den verwendeten Ölfarben und der Art und Weise, wie sie gemischt wurden und vor allem die Art und Weise, wie diese Künstler mit der Rolle des Lichts und des Licht-

---

19　Siehe: Maurice Denis, Du Symbolisme au classicisme. Théories, Textes réunis et présentés par Olivier Revault d'Allon-nes, Collection Miroir de l'art, Hermann, Paris, 1964.

einfalls spielten. Für ihn wird die malerische Erforschung
von Farbe und Licht zentral – eine Erforschung, die auch
und gerade im Werk des Renaissancekünstlers Leonardo
da Vinci eine so wesentliche Rolle spielt.

Pierre Courthion: »Es ist gewiss, dass für den Maler die
Qualität des Lichts auf den Dingen, der Anblick des
Lichts in der Natur, das auf einen Schlag alle seine
Harmonien aufbietet, ihn sofort in eine erste Phase
versetzt, die ihn von einer Anstrengung befreit, die er
ansonsten hätte aufbieten müssen. [...] ›Und vergessen Sie
nicht die Seine-Mündung‹, sagte Dufy zu mir, ›die durch
das Dreieck Le Havre - Honfleur - Trouville gebildet wird
und deren Lichtqualität nach Boudin und Jongkind alle
Impressionisten inspiriert hat.‹«[20]

Drei griechische Philosophen

Nun hatte Dufy höchstwahrscheinlich keine feste und
zwingende Reihenfolge, in der er wollte, dass sein großes
›Fresko‹ gelesen wird. Angesichts der zentralen Position
der (Haupt-)Figuren der griechischen Mythologie, der
olympischen Götter auf dem Olymp, habe ich Dufys
visuelle Reise hier beginnen lassen. Von hier aus wandert
das Auge des Betrachters fast automatisch zu den drei

20 Pierre Courthion, *Mes Causerie avec le peintre*, (Samedi 8 mai,
    1948) op.cit., p.56-57.

wichtigsten Philosophen des antiken Griechenlands unten rechts. Hier flanieren Archimedes, Thales von Milet und Aristoteles im Grünen – wie an einem schönen Frühlingstag. Diese drei gelehrten Philosophen haben unser Denken nachhaltig beeinflusst und dürfen in keiner Einführung in die Geschichte der westlichen Philosophie fehlen. Sie bilden quasi den logischen Einstieg in die Reihe der Denker und Entdecker, die der Künstler für seine bildliche Darstellung der wissenschaftlichen und technologischen Entwicklungen im Zusammenhang mit der Entdeckung der Elektrizität ausgewählt hat.

Thales von Milet, der älteste von ihnen, lebte von etwa 624 bis 545 v. Chr. Er gilt als der erste vorsokratische Philosoph. Als Naturphilosoph, Mathematiker und Astronom erlangte er besonderen Ruhm, weil er das Prinzip aller Dinge nicht bei den Göttern, sondern in der Natur selbst suchte. Man musste das Universum vom Universum selbst aus untersuchen und seine Schlussfolgerungen darauf gründen. Außerdem mussten die Schlussfolgerungen oder Argumente begründet und bewiesen werden, was übrigens auch heute noch gilt. Als einer der frühesten Versuche einer rationalen Erklärung von Naturphänomenen war dies eine bahnbrechende Vision, auch wenn es sicherlich nicht so war, dass es in Thales' Welt keine Götter gab. Donner und Gewitter gehörten noch zu den Phänomenen, die offensichtlich das Werk der Götter waren, da sie noch nicht als elektrostatische

Phänomene erklärt werden konnten. Ausschlaggebend für Dufys Wahl war zweifellos, dass Thales von Milet die statische Elektrizität auf der Grundlage von Forschungen mit Bernstein, auf Griechisch *Elektron* genannt, beschrieben hatte. Er hatte nämlich beobachtet, dass Bernstein beim Reiben leichte Gegenstände anzieht, die bei längerem Reiben sogar Funken überspringen lassen.

Der griechische Mathematiker, Physiker, Ingenieur und Astronom Archimedes von Syrakus wurde 287 v. C. geboren und starb 212 v. C. in Syrakus (Sizilien gehörte als *Magna Graecia* zu Griechenland). Über sein Leben ist nicht viel bekannt, aber er ging mit einer großen Zahl von Erfindungen in verschiedenen Disziplinen in die Geschichte ein. Reichte seine Berühmtheit als Wissenschaftler bis ins sechzehnte (Galilei) und siebzehnte Jahrhundert (Newton) und sogar bis in die Gegenwart hinein, war Archimedes in der Antike viel mehr für seine naturwissenschaftlichen und technischen Leistungen bekannt. So hat er beispielsweise die Grundlagen der Hydrostatik gelegt und das Prinzip des Hebels erklärt. Außerdem wurde die Schraube des Archimedes nach ihm benannt. Das Gesetz des Archimedes ist immer noch Teil unseres Physikunterrichts. Archimedes' Erfindung des Sonnenspiegels (Brennspiegel) hingegen dürfte für Dufy wegen seiner Forschungen zum Licht am interessantesten gewesen sein, obwohl es sich dabei um eine ziemlich umstrittene Legende handelt, die unter anderem durch Experimente von René Descartes (und auch späteren Forschern) widerlegt wurde.

Der griechische Philosoph Aristoteles, der bei uns noch immer meist in einem Atemzug mit seinem Gegenspieler Platon genannt wird, durfte natürlich nicht fehlen. Er wurde 384-3 v. C. in Stageia geboren und starb 322 v. C. in Chalkis. Um ein umfassendes Weltbild zu entwerfen, hatte er sich nicht nur in Philosophie, Politik und Ethik vertieft, sondern auch in Mathematik, Naturwissenschaften, Sprach- und Literaturwissenschaft und sogar in das, was man heute Sozialwissenschaften nennt. Die Naturphilosophie des Aristoteles untersucht und analysiert ein breites Spektrum von Phänomenen der natürlichen Welt, wobei sie von der beobachtbaren Realität ausgeht. Diese fallen heute unter Disziplinen wie Biologie, Physik und andere Naturwissenschaften. Innerhalb des komplexen philosophischen Gedankensystems des Aristoteles ist für uns vor allem von Interesse, dass er als erster ›westlicher‹ Denker eine systematische Erklärung für das Phänomen des Lichts suchte. Seine optischen Experimente und die Verwendung einer Art *Camera obscura* beschreibt er in *Probleme, Buch 15*. Da hier kein Platz für eine umfassende Darstellung des Phänomens Licht durch Aristoteles ist, gebe ich hier kurz den Kern seiner Überlegungen wieder. Für Aristoteles ist das Licht immateriell; es ist keine Substanz, sondern ein unbegrenztes Medium – wie Wasser oder Luft. »Licht kann man nicht sehen, aber es ermöglicht die Wahrnehmung der Farbe derjenigen Gegenstände, die sich im Medium befinden. Erstmals kommt die Idee des undurchsichtigen auf ... das Licht ist im Gegensatz zur Farbe kein Gegenstand des Sehens.«[21]

Philosophen, Denker und Wissenschaftler

Schließlich wählte Raoul Dufy für die Darstellung seiner Geschichte der Elektrizität 109 große Namen von Wissenschaftlern, Ingenieuren und Denkern aus. Um genau zu sein, die drei (bereits erwähnten) griechischen Philosophen, zwei Künstler/Schriftsteller (Leonardo, Goethe) und 104 ›savants et penseurs‹. Ich habe auf die einzige Publikation zurückgegriffen, in der die Reihe der savants der *Fée Électricité* ausführlich besprochen wurde, und die meisten Zitate stammen daher aus André Berne Joffroy, *Zigzag parmi les personnages de la Fée Électricité.* [22]

Joffroy selbst räumt ein, dass er das Glück hatte, auf eine unveröffentlichte Dissertation von Madame Antoinette Rezé-Huré zurückgreifen zu können, die 1978 an der Universität *Paris IV* vorgelegt und verteidigt wurde. Darin

---

21 Mariano Massimo, Das Licht in der Kunst, Berlin [Reimer] 2022, p.18.

22 André Berne Joffroy, Zigzag parmi les personnages de la Fée Électricité, Musée d'Art Moderne de la Ville de Paris, Paris-Musées, 1983.

beschreibt sie akribisch Dufys Herangehensweise und Behandlung seines Themas. Zum Beispiel, dass er von den meisten Personen zunächst Aktstudien und Zeichnungen anfertigte und erst dann die entsprechende Kleidung darüber oder darüber anlegte. Zu bedenken ist auch, dass Dufy zu seiner Zeit keinen Zugang zu den umfangreichen Übersichten der Wissenschaftsgeschichte hatte, geschweige denn zur Elektrizität als eigener Abteilung. Aber in Paris hatte er natürlich den Vorteil, dass er das Conservatoir des Arts et Métiers besuchen konnte, Bibliotheken und Archive, um zu recherchieren, und dann hatte er das Glück, dass der *Palais de la Découverte* anlässlich der Weltausstellung 1937 gerade eröffnet wurde. Was die Literatur betrifft, so fand Dufy, wie bereits erwähnt, viele Daten in den *Merveilles de la Science* von Louis Figuier, worin die Geschichte der Elektrizität in einer sehr detaillierten und lebendigen Weise erzählt wird.[23] Die aus sechs Bänden bestehenden *Merveilles* waren damals die einzige populäre Publikation über die Geschichte der Wissenschaft und der daraus hervorgegangenen industriellen Entwicklungen, wie zum Beispiel der Dampfmaschine, des Dampfschiffs, der Lokomotive und der Eisenbahn, des Elektromotors. Ein weiteres, damals recht bekanntes Buch, das der Künstler vielleicht kannte, war H. G. Wells' *Outline of History* aus dem Jahr

---

23 André Berne Joffroy, op.cit. , p. 3; Louis Figuier, Les Merveilles de la Science ou description populaire des inventions modernes, Paris [Furne, Jouvet et Cie.], 1867-1891 (6 vol.).

1920. Es folgten bald weitere Auflagen mit den notwendigen Überarbeitungen und Ergänzungen, die letzte 1937. In seinem Abriss erzählt Wells darin eine Art Geschichte der Menschheit bis zum Ersten Weltkrieg.

Unter dem Titel ›*choses admirables*‹ notierte Dufy in seinen Memoiren eine Reihe von Experimenten und Entdeckungen, die er offenbar für besonders beachtenswert hielt. Dies zeigt, dass er sich in der Tat vor allem von den Stichen und anderen Illustrationen inspirieren ließ, die er *in den*bereits erwähnten *Merveilles de la Science* von Figuier fand. Während es für Raoul Dufy und seine Mitarbeiter noch sehr zeitaufwendig war, sich das nötige Wissen und die Erkenntnisse anzueignen, haben wir heute über bibliographische Quellen wie *wikipedia* sofortigen Zugang zu einer ersten Information und Übersicht. Zuvor noch ein Wort zu Dufys Komposition dieser Serie Gelehrter und Wissenschaftler: Normalerweise wird die Lebendigkeit, die die Serie ausstrahlt, gelobt oder die Variationen in den Posen und Positionen der Personen werden in extenso besprochen. Nun ist die Art und Weise, wie der Künstler in einer ausgewählten Auswahl von 109 Figuren, ergänzt durch eine kleine Reihe von Experimenten, eine ganze Geschichte dargestellt hat, in der Tat außergewöhnlich.

Ohne dies schmälern zu wollen, erinnerte mich Dufys Darstellungsweise sofort an die so genannte *Schule von*

Athen des italienischen Renaissancemalers Rafael, die er zwischen 1508 und 1512 in der *Stanza della Segnatura* in Rom für Papst Julius II malte. Dieses Fresko hat im Laufe der Jahrhunderte sowohl hinsichtlich des Themas als auch der ikonografischen Darstellung Rätsel aufgegeben und zahlreiche Interpretationen hervorgerufen. Allgemein wird angenommen, dass das zentrale Thema die (eine) Geschichte der abendländischen Philosophie symbolisiert. Anhand von 58 Personen oder Protagonisten, die zumeist durch das Symbol oder den Gegenstand, der ihren Ruhm oder ihr Ansehen ausmachte, dargestellt und identifizierbar sind, präsentiert Rafael die großen und wichtigen Denker und Wissenschaftler von der griechischen Antike bis zur Renaissance. Um die beiden großen Philosophen Platon und Aristoteles gruppiert, die in der Mitte unter der monumentalen Arkade einen prominenten Platz einnehmen, hat Rafael eine lebendige Komposition von kleinen Gelehrten im Gespräch gewählt; und zwar so, dass die großen Denkschulen und Disziplinen wie Mathematik, Geometrie, Grammatik, Rhetorik und Astronomie vertreten sind. Inzwischen hat man die meisten von ihnen interpretieren können, aber es gibt immer noch einige, über die die Meinungen auseinandergehen. Vielleicht war das ein Grund für Raoul Dufy, seinen Figuren Namen zu geben, um falsche Zuschreibungen auszuschließen.

Unter den zahlreichen Artikeln, die über die *Stanze* erschienen sind, und den ebenso zahlreichen Hypothesen und Thesen, möchte ich hier auf einen Aufsatz des Kunst- und Kulturhistorikers Ernst Gombrich hinweisen. Er war einer der ersten, der auf die Idee kam, alle vier Fresken – einschließlich des Deckengemäldes – gemeinsam zu untersuchen. Interessant an Gombrichs Ausgangspunkt war, dass er bei seinen Forschungen den gesamten Zyklus der *Stanza della Segnatura* als programmatisches Konzept betrachtete, als ein Ganzes einer Reihe von miteinander verbundenen Geschichten. Außerdem glaubte er, dass man das dem Zyklus zugrunde liegende Schema nur verstehen könne, wenn man die Komposition von der Decke abwärts liest.[24]

Im Vorgriff auf die folgenden Kapitel denke ich, dass man die *Fée Èlectricité* auch so interpretieren könnte: d.h. oben mit den olympischen Göttern der griechischen Antike beginnend, dann zu ihren Einflüssen auf die Philosophie und Wissenschaft der westlichen Kultur übergehend, und dann die Errungenschaften in Wissenschaft und Technik darstellend - in der Fée konzentriert um die Geschichte des Lichts und der Elektrizität.

---

24 Ernst H.Gombrich, Die Symbolik von Raffaels *Stanza della Segnatura*, in: *Das symbolische Bild. Zur Kunst der Renaissance II*, Stuttgart (1972) 1986, p.104-124. p.106.

Dazu wählte Dufy eine ikonografische Form mit einem Register oder einer Ebene von Wissenschaftlern, Technikern und Denkern unten und einem Register in der Mitte mit den Ergebnissen ihrer Entdeckungen mehr oder weniger in chronologischer Reihenfolge von rechts nach links. Da der Betrachter besonders von der Art und Weise angezogen wird, wie Dufy eine - wenn auch relativ kleine - Anzahl ihrer Experimente darstellt, und da eine Darstellung der gesamten Bandbreite der dargestellten Wissenschaftler nicht sinnvoll erscheint, habe ich beschlossen, mich hauptsächlich auf diese Illustrationen zu beschränken und mit Bacon zu beginnen. Raoul Dufy springt nämlich von den griechischen Denkern – über einen kleinen Wasserfall oder eine Kaskade – direkt hinüber zum Franziskaner Roger Bacon als Mönch tief in Gedanken und überspringt dabei fünfzehn Jahrhunderte. Kein Plotin, keine arabischen Gelehrten wie Al-Kindi (801-873) und Ibn al-Haytham (Alhazen) (965- 1039), die einen großen Einfluss auf das Denken der Renaissance hatten. Kein Avicenna (980-1037) und Averroes (1126-1198). Es ist jedoch sicher, dass Bacon die Konzepte von Alhazen kannte, um sie mit den Lehren des Aristoteles zu vergleichen. Der Einfluss der persischen und arabischen Gelehrten auf das europäische Mittelalter wurde lange Zeit unterschätzt oder gar unterschlagen. Alhazens Untersuchungen zum Licht betrafen die Natur der Brechung, die er als »einen Winkel, den sogenannten Brechungswinkel durch Glas oder Wasser in Funktion zum jeweiligen Einfallswinkel beschreibt. [...] Die Veränderung des Bildes in der Brechung wird mit der Hypothese erklärt, dass das Licht seine Geschwindigkeit entsprechend dem Medium, das es durchquert, verändert.«[25] Avicenna war ein persischer Arzt, Philosoph, Mathematiker und Physiker, der die Unterscheidung zwischen *Lux* und *Lumen* weiter herausarbeitete und definierte. Averroes, ebenfalls Arzt, Mathematiker und Philosoph, verfolgte eine eher metaphysische Richtung in Bezug auf die Natur des Sehens. Für ihn waren Licht und Beleuchtung eindeutig mit Religion und Glauben verbunden.

Roger Bacon wurde um 1214 in Ilchester geboren und starb im Alter von achtzig Jahren 1294 in Oxford, wo er an der Universität Philosophie studiert und auch gelehrt hatte, die damals Scholastik, Theologie und Physik umfasste. Erst 1256 oder 1257 trat er in den Orden der Franziskaner ein. Bacons wichtigstes Vermächtnis ist sein *Opus Majus,* sein großes Werk, das Ende der 1260er veröffentlicht worden sein muss. In *Teil V* dieses Werks beschreibt er die Anatomie des Auges und des Gehirns - sowie die Physiologie des Auges und des Sehens, die Brechung und Reflexion, soweit sie damals bekannt waren, sowie Linsen und Spiegel. Bacon stützte sich in seiner Abhandlung auf eine lateinische Übersetzung von

---

25 Mariano Massimo, op. cit., p.26.

Ibn al-Haytham - Alhazen, *Schatz der Optik* (arabisch كتاب المناظر, *Kitāb al-Manāẓir*, lateinisch *De aspectibus* oder *Perspectiva*). Weitere Quellen waren Al-Kindi, Ptolemäus und Eugenius von Palermo. Lange Zeit galt Roger Bacon im Vergleich zu seinen Zeitgenossen wie Albertus Magnus oder Thomas von Aquin als eher isoliert und geriet in Vergessenheit. Ab dem frühen zwanzigsten Jahrhundert begann man, seine Verdienste für die Wissenschaft wieder mehr und mehr zu würdigen: »Bacon hat wichtige Studien über die Lichtbrechung und den Regenbogen vorangetrieben und mit Präzision viele Experimente zur Bestimmung der Brennweite von parabolischen Spiegeln unter Sonneneinstrahlung, sowie Beobachtungenvon plan-konvexen Linsen durchgeführt. Doch sein größtes Vermächtnis sind seine prophetischen Bemerkungen über die Entstehung von Bildern in einer Dunkelkammer«, bzw. *camera obscura*.[26] Wir konnen daher diesen mittelalterlichen Wissenschaftler auch als einen der Ersten ansehen, der eine experimentelle Methodik einführte, gefolgt von Galileo Galilei, mit dem die moderne Naturwissenschaft einsetzte.

Folgerichtig eröffnet Dufy die Reihe rechts, nach Bacon, mit Galileo Galilei, gefolgt von Leonardo da Vinci, darüber stehen Simon Stevin, Blaise Pascal, Gottfried Wilhelm Leibnitz, William Gilbert und Edme Mariotte. Galileo Galilei (1564-1642) wird bis heute als Vater der

---

26 Mariano Massimo, op. cit., p.33-34.

modernen Naturwissenschaft bezeichnet, weil er Experiment, Messung und mathematische Analyse als Untersuchungsmethode miteinander verband. Selbstverständlich für seine Zeit beherrschte der Universalgelehrte mehrere Disziplinen, darunter Physik, Astronomie, Mathematik und Mechanik. Hier sei von seinen zahlreichen Beiträgen auf dem Gebiet der Mechanik und der Astronomie nur das Experiment zur Messung der Lichtgeschwindigkeit erwähnt. Er beschrieb seine Methode im Jahr 1638. Galilei meinte, die Geschwindigkeit messen zu können, indem er die Zeitdifferenz maß, indem er zwei Assistenten, die beide mit einer Laterne mit Blenden ausgestattet waren, nacheinander die Blenden öffnen ließ, sobald der eine das Licht beim anderen beobachtete; er kam jedoch zu keinem eindeutigen Ergebnis, ausser dass die Lichtgeschwindigkeit zu schnell sein muss, um mit solchen Methoden bestimmt zu werden. Mit seinen damals umstrittenen Entdeckungen geriet Galilei regelmäßig in Konflikt mit der katholischen Kirche und ihrer Inquisition. Unter den Dutzenden von Porträts und Skulpturen von Galilei fiel Dufys Wahl auf ein Porträt von Galilei in einem schwarzen Anzug. Es erinnert mich ein wenig an ein Gemälde von Cristiano Banti aus dem Jahr 1857, auf dem Galileo Galilei vor dem Tribunal der römischen Inquisition dargestellt ist.

Neben ihm und in Ellipsen aufgestellt: der Universalkünstler und Gelehrte Leonardo da Vinci, William Gilbert mit seiner *Arte magnetica* , daneben Edme Mariotte. Leonardo da Vinci (1452-1519) ist der einzige bildende Künstler in dieser Reihe. Seine Beiträge zur Welt der Wissenschaft sind zwar äußerst vielseitig, bleiben aber experimentell und werden überwiegend in Form von Aufzeichnungen überliefert. Zusammen mit Wolfgang von Goethe wirkt er daher etwas deplaziert; Leonardo ist uns vor allem als Maler bekannt, Goethe als Schriftsteller und Dichter. Dufys Motiv für die Aufnahme Leonardos in seine Reihe – und in die Nähe von Galilei – war zweifellos sein Beitrag zum Studium des Lichts und der Optik. Leonardo hat seine Beobachtungen über die Funktionsweise von Licht und Schatten in Notizbüchern (1480) genau beschrieben und mit Illustrationen versehen. Es würde jedoch zu weit führen, sie in diesem Zusammenhang näher zu erläutern.[27]

Wie nebenbei liest man die Namen da Vinci, Stevin, Pascal, Gilbert und Mariotte auf Schriftstücken, die sie in der Hand halten. Vermutlich erschien diese Kennzeichnung der Personen Dufy zu umständlich, um sie konsequent durchzuhalten, so daß er die übrigen und meisten Personen ohne motivischen Vorwand bezeichnet.

---

27 Insbesondere in den letzten Jahren sind eine Anzahl tiefergehende Studien über ,Licht und Schatten' in Leonardos Werk erschienen. S. u.a. Pietro C. Marani, *Leonardo da Vinci: The Complete Paintings.* New York, 2000; ders., *Leonardo da Vinci's Last Supper.* Milan, 2009; Nicole Bitler, Leonardo da Vinci's Study of Light and Optics, 26 *Intersect*, Vol. 4, No. 1 (2011).

Nur wenige haben ein Instrument oder ein anderes Merkmal, das sie berühmt gemacht hat, wie z.B. Pieter van Musschenbroek mit seiner ›Leidener Flasche‹ oder Johann Wolfgang Goethe mit einem beschriebenen Blatt.

Was die Gruppe der Gelehrten betrifft, sieht man neben Leonardo da Vinci einen Mann mit einem auffälligen Buch unter dem Arm, das den Titel *Arte Magnetica* trägt. Es handelt sich um den englischen Arzt und Naturphilosophen William Gilbert, der als einziger namentlich nicht erwähnt wird. Gilbert (1544-1603) wurde vor allem durch die Einführung des Begriffs Elektrizität (damals lat.: *vis electrica*, d.h. elektrische Kraft – abgeleitet vom altgriechischen *elektor*, d.i. ›strahlende Sonne‹; von daher die Bezeichnung des leuchtenden Bernstein als *elektron* und schließlich dessen durch Reibung erzeugte Kraft als *elektrisch*) bekannt. Gilbert forschte viel auf dem Gebiet des Magnetismus und der magnetischen Eigenschaften der Erde, worüber er sein wichtigstes Werk *De Magnete, Magneticisque Corporibus, et de Magno Magnete Tellure* (›Über den Magneten und die magnetischen Körper und über den großen *Magneten* Erde‹) veröffentlichte.[28]

Das nächste Experiment – etwas weiter links dargestellt – gilt Otto von Guericke (1602-1686). Dieser wurde zwar mit seinen *Magdeburger Halbkugeln* berühmt, mit denen er

---

28 Die (veraltete) Bezeichnung der Einheit der magnetischen Spannung (*Gilbert - Gb*) geht auf ihn zurück.

die Kraft des Luftdrucks (durch Erzeugung eines Vakuums innerhalb der aus zwei Hälften bestehenden Kugel) demonstriert hatte. Mit dem Bau eines einfachen elektrostatischen Generators (1650) hatte Guericke darüberhinaus einen wesentlichen Baustein der Geschichte der Elektrizität geschaffen: eine um eine Achse rotierende Kugel aus Schwefel: Dadurch, daß die Kugel sich um die Achse schnell drehte, bildete sich eine statische elektrische Ladung. Dieses Experiment inspirierte die Entwicklung verschiedener Formen von Reibungsmaschinen, die ihrerseits die weitere Erforschung der Elektrizität vorantrieben. Dufy malte Guericke, der mehr oder weniger hinter seinem Generator sitzt und seine Hand auf oder gegen die Kugel hält.

Zu seiner Linken steht Robert Boyle (1627-1692), ein irischer Physiker, dessen nach ihm benanntes *Boyle'sches Gesetz* weithin bekannt geblieben ist. Der französische Physiker Edme Mariotte (ca. 1620-1684) wirkt beinahe wie ein Zuschauer seines Flaschen- oder Röhrenexperiments. Tatsächlich war er der Erfinder einer Flaschenkonstruktion, mit der ein konstanter Flüssigkeitsstrom realisiert werden konnte. In Frankreich spricht man gewöhnlich vom *Boyle-Mariotte-Gesetz*, weil letzterer das immer noch allgemein anerkannte Boyle'sche Gesetz mit einem von ihm entworfenen Experiment beweisen konnte. Es ist bekannt, dass Mariotte über mathematische und mathe-

matische Probleme mit Leibnitz korrespondierte, der hier
also über ihm steht.[29]

Das Experiment, das in der Folge für Aufsehen sorgte,
wurde als ›le cerf-volant de Romas‹ bekannt. Zu diesem
Zweck hatte Jacques de Romas (1713-1776) einen Drachen
mit Eisendrähten umwickelt, den er während eines
Gewitters aufsteigen ließ, und zwar im Beisein mehrerer
Zuschauer. Durch einen Blitzeinschlag, der zu einer
Stange im Boden geleitet wurde, wollte Romas die
elektrische Natur des Blitzes demonstrieren.

Dieses Experiment mit einem Blitzableiter und einem
Drachen muss in der Tat ziemlich verblüffend gewesen
sein; es ging in die Geschichte (der Elektrizität) ein und
wurde in Figuiers *Merveilles de la science* illustriert. Für die
Fée hat der Maler das Ereignis etwas angepasst. Es war
für ihn schwierig, das Experiment im Dunkeln zu malen,
und er verlegte es an den Tag oder vielleicht an den
Nachmittag, und auch in die Mitte des Feldes im Grünen.
Dann reduzierte er die Zahl der Umstehenden »... die
kleine Menschenmenge, die am 7. Juni 1753 anwesend ist,

---

29 Über dieser kleinen Gruppe stehen van Musschenbroek mit
seiner ‚Leidener Flasche‘, Vorläufer des Kondensators, und
Nollet. Petrus (Pieter) van Musschenbroek (1692–1761) war
Arzt, Mathematiker und Physiker, Meteorologe und Astronom. Er gilt als Erfinder der nach seinem Geburtsort benann-
ten Leidener Flasche. Die Bezeichnung stammt von Jean-
Antoine Nollet (1700-1770), dem Entdecker der Osmose (1748)
und des Elektroskops.

wird durch zwei Personen aus dem wissenschaftlichen
Zirkel ersetzt, dem Romas ein Jahr zuvor seine Idee
vorgestellt hatte. Montesquieu und sein Sohn, die auf
einer Bank in einer grünen Ecke sitzen - sie werden zu
direkten Zeugen des Vorgangs, dem auch Dalibord und
Delor beizuwohnen scheinen, die direkt vor ihnen, rechts
von Romas, abgebildet sind.«[30]

Dufy hat hier zwei Geschichten zum gleichen Zeitpunkt
verschmolzen, schreibt Joffroy: die Mitteilung der Idee
von Jacques de Romas, er habe am 9. Juni 1752 einen
Zusammenhang zwischen Blitz und Elektrizität gesehen
und die tatsächliche Durchführung des Experiments am
9. Juni 1753. Romas, eigentlich Jurist und nur in seiner
Freizeit Naturwissenschaftler, interessierte sich besonders
für Phänomene wie Blitz und Donner und hatte diesen
Zusammenhang schon 1750 entdeckt. Offensichtlich war
es so: Am 9. Juli 1752 teilte Romas seine Idee dem wissenschaftlichen Zirkel im Schloss Clairac mit, wo sich
Montesquieu, sein Sohn Baron de Secondat, die Brüder
Dutilh, die Äbte Guasco und Venuti beim Chevalier de
Vivens trafen (die Szene wurde von Dufy dem Illustrator
von Louis Figuiers *Merveilles* entliehen). In England
machte Benjamin Franklin die gleiche Entdeckung im
September 1752, weshalb Romas bei der *Académie des
Science de Paris* darauf hinweisen mußte, daß seine früher

---

30 Martine Contensou, La Fée Électricité, Les Collections de la
    Ville de Paris, Paris-Musées, Paris, 2017, p.39.

war, was am 4. Februar 1764 bestätigt wurde. »… Romas'
Experiment datiert erst vom 7. Juni 1753. Es stimmt, dass
es öffentlich und spektakulärer war, und jedenfalls ist sie
es, die Dufy erwähnt hat.«[31]

Der bereits erwähnte Benjamin Franklin (1706-1790) hatte
noch ein anderes Experiment durchgeführt. Er ließ
nämlich kleine Korkkugeln in eine elektrisch geladene
Metallschale fallen und stellte zu seiner großen Über-
raschung fest, dass sie vom Metall weder angezogen noch
abgestoßen wurden. Doch Raoul Dufy war offenbar mehr
von einem anderen Ereignis in dessen Leben fasziniert:
Der Moment, als die Briefe, die Franklin an die *Royal
Society of London* geschickt hatte, von einem gewissen
Peter Collinson verlesen wurden, während Franklin neben dem Podest stand, in denen er beschrieben hatte, wie
er »atmosphärische Elektrizität durch Metallspitzen zu
sammeln« gedachte. Dies löste bei einigen Mitgliedern
der Royal Society offenbar eine heftige Diskussion und
einige Bestürzung aus. Dies war die »Sitzung vom 6.
Juni«, 1751.[32]

Etwas weiter, oben links, findet ein weiteres Experiment
statt, das ebenso spektakulär gewesen sein muss. Am

31 André Berne Joffroy, Zigzag parmi les personnages de La Fée
    Électricité, Musée d'Art moderne de la Ville de Paris, Paris-
    Musées, Paris, 1983, p.10.
32 André Berne Joffroy, op. cit., p.9.

Ufer der Themse in der Nähe der London Bridge baut 1747 eine kleine Gruppe von Menschen unter der Leitung von William Watson und im Beisein von Henry Cavendish ein Bauwerk »in dem das Wasser der Themse die Elektrizität von einer Leidener Flasche zu einem Metalldraht leitete, der vom gegenüberliegenden Ufer ins Wasser baumelte. Dabei entstanden Funken, die zu jedermanns Erstaunen etwas Alkohol entzündeten. Dufy entlehnte diese Szene den *Merveilles de la Science.*« Der abgebildete Henry Cavendish (1731-1810) soll an dem Experiment teilgenommen haben. Aus irgendeinem Grund ließ Dufy William Watson (1715-1810) fort. Dabei beaufsichtigte Watson die erstaunlichen Experimente im Juli 1747 nahe der London Bridge.[33]

Für Dufys Überblick waren die elektrostatischen Experimente von Jesse Ramsden (1735-1800) offenbar interessant genug, um sie darzustellen. Dieser hatte eine der ersten Elektrisiermaschinen gebaut, die auch von späteren Forschern für andere Experimente verwendet wurde (siehe unter Galvani). Dufy malt eine Szene, die Ramsdens Elektrisiermaschine als Teil eines ganz anderen späteren Experiments an der London Bridge zeigt, hier als Szene aus dem Jahr 1747, in Wirklichkeit war es aber 1766. Ramsdens eigentliche Berufung lag jedoch auf dem Gebiet der Entwicklung und des Baus von Instrumenten. Als Hersteller von Teleskopen, Sextanten, Theodoliten

---

33 André Berne Joffroy, op. cit., p.9.

und anderen astronomischen Instrumenten war er in ganz Europa gefragt.[34]

Auf einem Tisch, der dem des oben erwähnten Experiments an der Themse teilweise sehr ähnlich ist, liegt ein gehäuteter Frosch. Dieser arme Frosch diente dem italienischen Arzt und Naturforscher Luigi Galvani (1737-1798) als Mittel und Ausgangspunkt für seine Experimente mit elektrischem Strom, bei denen er die bereits erwähnte Elektrisiermaschine und eine *Leidener Flasche* (siehe Musschenbroek) benutzte, zunächst offenbar zur Stimulation von Muskeln. Er entdeckte das Phänomen, als er, vielleicht zufällig, bemerkte, dass sich das an einem Metallhaken hängende Bein des Frosches bewegte, wenn er es mit einem anderen Metall berührte. In der Biologie erhielt diese Zuckung den Namen *Galvanismus*.[35]

Schaut man sich die Illustration von Dufy genauer an, so scheint dies der Moment zu sein, den der Künstler gewählt hat. Galvani steht vor dem Tisch mit einem Assistenten, der einen Draht hält, der mit der Ramsden-Maschine aufgeladen wird, um einen Stromkreis zu

---

34 André Berne Joffroy, op. cit., p.7. Galvanis Generator konnte –
   wie sich herausstellte – bei einer Anzahl medizinischer
   Probleme angewandt werden, wie etwa bestimmte Lähmungs-
   erscheinungen und Herzleiden.
35 Nach Galvani wurden die Galvanische Zelle, die Galvanisie-
   rung und das Galvanometer benannt (das auf einem von
   H. Ch. Ørsted beschriebenen Prinzip beruht).

induzieren, woraufhin sich das Bein des Frosches zusammenzieht. Galvanis Entdeckungen bildeten die Grundlage für die Experimente von Alessandro Volta. Der italienische Physiker, Graf Alessandro Giuseppe Antonio Anastasio Volta (1745-1827), wurde insbesondere durch die nach ihm benannte *Voltasäule* (1800) berühmt. Dufy porträtiert daher Volta mit seiner Säule neben Galvani. Die *Voltasäule* besteht aus abwechselnd aufeinander gestapelten Kupfer- und Zinkplatten. Dazwischen liegt ein in Säure oder Salzlake getauchter Filz. Dies gilt heute als die erste elektrische Batterie.

Fast jede Lebensgeschichte über Volta enthält die folgende Anekdote. Um seiner Erfindung die nötige Anerkennung und Berühmtheit zu verschaffen, schrieb Volta einen Brief (datiert vom 20. März 1800), der ziemlich berühmt wurde, an Sir Joseph Banks von der Royal Society in London. Im folgenden Jahr reiste Volta nach Paris, um Napoleon Bonaparte seine Säule vorzuführen. Ein Gemälde des italienischen Malers Guiseppe Bertini (1825-1898) hält den Moment fest, in dem Volta seine Erfindung Napoleon vorführt (1801). Volta gilt als einer der Gründerväter der Elektrizitätslehre, und die SI-Einheit für elektrische Spannung - das *Volt* - ist nach ihm benannt.[36] Seine Erfindung führte zu vielen neuen

---

36 1836 wurde die Batterie von John Daniell weiterentwickelt. Es wird angenommen, dass es sich dabei um die erste Batterie oder den ersten Akkumulator handelt. Siehe: Giuliano Pancaldi: *Volta. Science and Culture in the Age of Enlightenment,*

Entdeckungen, von der Elektrolyse bis zur Erfindung des ersten Elektromotors durch Michael Faraday, womit daher auch die Reihe der Wissenschaftler und Entdecker von Dufy auf der linken Seite beginnt.[37]

Zunächst kommen wir aber noch an James Watt, François Arago und Marie-André Ampère vorbei. Der schottische Wissenschaftler und Ingenieur James Watt (1736-1819) ist durch das *Watt* (Symbol W für die SI-Einheit der Leistung (Energieumsatz pro Zeitspanne)) bekannt. Watt steht wie es scheint ein wenig verloren und allein über Volta, inmitten einiger seiner Erfindungen oder Entdeckungen. Welche das sind, ist ein schwer zu erkennen. Watt mag uns allen bekannt sein, aber dass seine wichtigste Erfindung (patentiert 1769), die sich am stärksten auf den technischen Fortschritt auswirken sollte, Watts Verbesserung des Betriebs der Dampfmaschine durch einen unabhängigen Kondensator war, ist wohl nicht mehr jedem bekannt. Raoul Dufy kannte sie zumindest. In der mittleren Ebene seiner Fée, die den industriellen Revolutionen gewidmet ist, sehen wir – oberhalb von James Watt – eine kleine Dampfeisenbahn.

Princeton, 2003, p. 326.

37 Im Haus von Andrea Ponti in Varese malte Guiseppe Bertini einige Freskos mit typischen Momenten im Leben Voltas. Darüberhinaus enthält es Darstellungen von Guido d'Arezzo, Galileo Galilei (der dem Dogen von Venedig gezeigt hat, wie man das Teleskop benutzt) und Christopher Columbus.

Unübersehbar auch ohne besonderen Versuch ist die Gestalt François Aragos, gehüllt in einen weiten dunklen Mantel oder eine Toga – als Jurist oder Universitätsdozent? In Frankreich war und blieb Arago (Dominique François Jean, 1786-1853) eine Berühmtheit; zu vielseitig waren seine Beiträge zu ebenso vielen Zweigen der Wissenschaft, vom Physiker über den Astronomen bishin zum Landvermesser. Und nicht zu vergessen seine Leistungen als Politiker und Schriftsteller. Bereits 1840 veröffentlichte er eine bahnbrechende Lobrede auf James Watt.[38] Aragos experimentelle Forschungen auf dem Gebiet des Magnetismus und der Optik – die er in Zusammenarbeit mit Alexander von Humboldt und Augustin Fresnel durchführte – führten zur Entdeckung der Polarisation des Lichts. Sein besonderes Interesse an den Lichtgeschwindigkeiten veranlasste ihn, die Lichtgeschwindigkeit in Luft, Glas und Wasser zu vergleichen. Er entdeckte auch das Phänomen der Drehung der Polarisationsebene durch Magnetismus, das später von Faraday erklärt wurde. Arago hatte noch viele andere Fähigkeiten, auf die wir hier nicht näher eingehen können. Er war zum Beispiel ein hervorragender Lehrer der Astronomie. Seine Arbeit als Landvermesser führte zur Ausdehnung des Nullmeridians von Paris nach Südeuro-

---

38 François Arago, *Éloge historique de James Watt, un des huit associés étrangers de l'Académie des sciences, dans Mémoires de l'Académie des sciences de l'Institut de France, lu le 8 décembre 1834*, Gauthier-Villars, Paris, 1840, tome 17, p. LXI-CLXXXVIII.

pa, wobei das Meter als Einheit verwendet wurde. Als Politiker setzte er sich für die Abschaffung der körperlichen Züchtigung und der Sklaverei in den Kolonien ein. Schon 1865 schuf Alexandre Oliva ein Denkmal zu Ehren des berühmten Sohns der Stadt Estagel: *Monument à Arago* (1865), das 1942 eingeschmolzen wurde. Eine Bronzestatue von Arago stand noch bis zum Zweiten Weltkrieg auf dem Platz vor dem Observatorium in Paris. Auch dieses Denkmal wurde von der deutschen Besatzungsmacht beschlagnahmt und zugunsten der Kriegsindustrie eingeschmolzen. Es ist vielleicht erwähnenswert, dass in den 1980er Jahren ein Wettbewerb für ein neues Denkmal ausgeschrieben wurde. Der Gewinner war der niederländische Künstler Jan Dibbets. Er entwarf eine Reihe von Bronzetafeln, die auf dem Meridian von Paris angebracht wurden. Sie bilden eine Verbindung zwischen dem Norden und dem Süden von Paris. Einige dieser Tafeln sind im Fußboden des Louvre. Das Kunstwerk von Jan Dibbets und die Lage der Tafeln auf diesem Nullmeridian werden in dem Buch Der Meridian von Paris (De Meridiaan van Parijs, 2003) von Philip Freriks, einem langjährigen niederländischen Auslandskorrespondenten in Paris für verschiedene Rundfunkanstalten und niederländische Zeitungen, ausführlich beschrieben.

André-Marie Ampère (1775-1836), Zeitgenosse Aragos, war ein weiterer französischer Physiker und Mathematiker, der mit seiner mathematischen Analyse und

Beschreibung der Beziehung zwischen Magnetismus und Elektrizität sowie mit der praktischen Messung von elektrischer Spannung und Stromstärke einen richtungsweisenden Einfluss auf die Geschichte der Elektrizität ausüben sollte; das Ampere wurde später nach ihm benannt. Ampère veröffentlichte 1823 seine eigene bemerkenswerte Theorie: Der Magnetismus in einem Magneten wird durch unzählige kleine elektrische Ströme verursacht, die im Magneten zirkulieren. Damit war Ampère seiner Zeit weit voraus, denn erst 60 Jahre nach seinem Tod, d. h. nach der Entdeckung des Elektrons, erwies sich seine Theorie als grundsätzlich richtig. Sein opus magnum folgte 1827: *Mémoire sur la théorie mathématique des phénomènes électrodynamiques uniquement déduite de l'experience* (›Denkschrift über die mathematische Theorie der elektrodynamischen Phänomene, die sich eindeutig aus der Erfahrung ableiten lassen‹). Damit wird er zum Begründer eines neuen Wissenschaftszweigs: der Elektrodynamik. Mit Ampère schließt Dufy die Reihe der Gelehrten auf der rechten Seite ab. Doch nun zwingt Dufy den Betrachter gleichsam, seinen Blick zunächst auf das Herz der imposanten Fabrik zu richten, die dem damals größten Kraftwerk (*Centrale thermoélectrique de Arrighi*) in Vitry-sur-Seine nachempfunden ist und in seinen bevorzugten sanften Blautönen gemalt wurde. Der Wechsel der Tonalität und des Farbschemas von Grün-Gelb zu Blau mit violetten Nuancen hatte Dufy schon bei Arago begonnen.

»Auf der linken Seite, im zweiten Gefolge, das von Faraday angeführt wird, der das Prinzip des Elektromotors entdeckte, treffen sich die Vorläufer der Industrie, Physiker, Ingenieure, Elektroniker oder Mechaniker, unter denen man Gramme in Arbeitskleidung mit hochgekrempelten Ärmeln, Edison, Deprez, Gaulard, Ferraris, Hertz usw. ausmachen kann. Als Bindeglied zwischen der Zeit der Forschung und der Zeit der Anwendung nehmen Ampère und Faraday am Fuße des Kraftwerks einen privilegierten Platz ein, der an den Platz der Spender zu Füßen der Jungfrau Maria im Mittelteil eines Altarbildes aus dem Quattrocento erinnert.«[39]

Bei Michael Faraday denkt man möglicherweise spontan an den *Faradayschen Käfig*, der keine unwesentliche Rolle in unserem Leben spielt, da er – etwa Insassen eines Automobils – Schutz vor Blitzschlag bei Gewitter bietet. Ein derartiger Käfigs aus leitendem Material wird im Hintergrund der Maschinenhalle angedeutet. Faradays wichtigste Experimente betrafen allerdings den Elektromagnetismus, genauer: die elektromagnetische Induktion zur Bestätigung seiner damit verbundenen Theorie. »Faraday war überzeugt, dass Magnetismus Elektrizität erzeugen kann. Am 29. August 1831 entschlüsselte er das Phänomen der elektromagnetischen Induktion, d.h. der Erzeugung von elektrischem Strom in einem Leiter, der sich in einem Magnetfeld bewegt. Dazu verwendete er

---

39   Martine Contensou, op. cit., p.36.

zwei Drahtspulen, die um einen Ring aus Weicheisen gewickelt waren. Mit einer Batterie an der einen und einem Galvanometer (einem Instrument zur Messung der Stromstärke) an der anderen Spule zeigte das Messgerät nur dann Werte an, wenn es den Strom in der ersten Spule ein- oder ausschaltete.«[40]

Wahrscheinlich hat der Künstler dieses Experiment ausgewählt, weil man es relativ leicht aufzeichnen kann. Eine Änderung des magnetischen Flusses in einer Spule bewirkt eine Spannung in der anderen Spule, die auf der Skala abgelesen werden kann. Für einen Laien ist es schwer vorstellbar, wie bahnbrechend Faradays Arbeit auf dem Gebiet des Magnetismus und des Lichts, der Elektrolyse und der Gravitation und natürlich der Elektrizität an sich war. Begriffe wie Magnetfeld und Gravitationsfeld gehen auf ihn zurück. Er ebnete den Weg für die weiteren Entdeckungen von Leuten wie Kerr, Crookes und Maxwell.

Die linke Seite des Werks präsentiert mit Michael Faraday (1791-1867) den eigentlichen Beginn der Neuzeit, als Durchbruch zu den technischen Innovationen, die unser Weltbild prägen. Eigentlich könnte man erwarten, dass Dufy die Serie mit Humphry Davy eröffnet, bei dem Faraday Vorlesungen besucht hatte, also mit seinem

---

40 *wikipedia. nl.* Faraday, Anm. 4. Archives Biographies: Michael Faraday. Insitution of Engineering and Technology.

Lehrer und Vorgesetzten. Außerdem war er eine Zeit
lang sein Assistent, was es ihm ermöglichte, den Kreis
der führenden europäischen Wissenschaftler jener Zeit,
wie Alessandro Volta und André-Marie Ampère, kennen
zu lernen.

Darum erst Humphry Davy (1778-1829) in der unteren
Reihe, weiter links. Dabei wird eine kleine Gruppe von
Wissenschaftlern übersprungen. Davy war vor allem
Chemiker und interessierte sich besonders für die Zer-
setzung von chemischen Elementen oder Verbindungen.
Für seine Experimente mit in Reihe geschalteten Batterien
verwendete er Voltas oben erwähnte Säule. Eigentlich
würde man hier ein Porträt der sogenannten Bogenlampe
erwarten, mit der Davy berühmt wurde. Auch und
gerade weil es sich bei dieser – zufälligen – Erfindung um
eine der frühesten Formen des elektrischen Lichts
handelt. Vor der *Royal Institution of Great Britain* in
London hielt er einen buchstäblich schillernden Vortrag.
Indem er zwei Holzkohlestäbe zusammenbrachte und
dann langsam voneinander wegbewegte, blieb zwischen
den Enden ein heller Lichtbogen zurück, der helles weis-
ses Licht ausstrahlte. Mit zweitausend *Volta*-Batterien
gelang es Davy, den Lichtbogen zwischen den beiden
Kohlestäben mehrere Minuten lang aufrechtzuerhalten.[41]
Ein weiterer praktischer Gegenstand, mit dem Davy für
Aufsehen erregte, war eine Grubenlampe, die als *Davy-*

---

41   André Berne Joffroy, op. cit. p.19.

lampe bekannt wurde und lange Zeit dazu diente, das Vorhandensein gefährlicher Gase wie Kohlendioxid und Methan in unterirdischen Bergwerken festzustellen.[42] Dufy entschied sich jedoch dafür, die Erfindung der ersten wiederaufladbaren Batterie im Jahr 1859 darzustellen. Der Erfinder der Reihe Batterien ist der französische Physiker Gaston Planté (1834-1889). Diese Erfindung erwies sich auch als großer kommerzieller Erfolg, insbesondere in der Praxis. Planté passt also perfekt in diese Reihe von Wissenschaftlern.

Der englische Physiker und Chemiker William Crookes (1832-1919) hat die Ehre, mit einem Experiment der Gasentladungslampen – *Crookes' Tube* (Crookesröhre oder Schattenkreuzröhre) – abgebildet zu werden. Ein Treffen mit Michael Faraday bei der *Royal Society* führte dazu, dass Crookes den Rest seiner wissenschaftlichen Laufbahn mit Experimenten auf dem Gebiet der chemischen Physik verbrachte, insbesondere mit der Untersuchung elektrischer Entladungen in Gasen unter niedrigem Druck. Auf diese Weise entwickelte er die nach ihm benannte Röhre (1875). Zu dieser Zeit beschäftigte sich eine

---

42 Die ursprünglich von Davy konstruierte Grubenlampe verbrannte Öl. später verwendete man Benzin. Die Lampe diente anfänglich als sichere Lichtquelle im Bergbau, verlor diese Bedeutung aber mit der Verbreitung der batteriebetriebenen elektrischen Leuchte. Sie wurde dennoch weiterhin zur Gasdetektion eingesetzt. Die Feststellung von Grubengas mit Hilfe einer Benzinlampe wurde in vielen Kohlengruben die Norm.

Reihe von Wissenschaftlern mit systematischen Studien über Gasentladungen in Vakuumröhren mit Elektroden, darunter Heinrich Geissler, Johann Wilhelm Hittorf, Gustav Kirchhoff und Heinrich Daniel Rühmkorff, die unter verschiedenen Aspekten auf diesem Gebiet experimentierten. Man kann jedoch sagen, dass die Entdeckungen von Crookes am Anfang der Entwicklung der Kathodenstrahlröhre und der Röntgenröhre stehen. Daraus lässt sich schließen, dass Dufy Röntgen nicht einfach neben Crookes gestellt hat. Wilhelm Konrad Röntgen benutzte in der Tat die *Crookes-Röhre* für seine Experimente, bei denen er die Röntgenstrahlen entdeckte (1895).

In der unteren Reihe folgen wir Jules Henri Poincaré (1854-1912), Hendrik Antoon Lorentz (1853-1928), Heinrich Rudolf Hertz (1857-1894) und Alexander Graham Bell (1847-1922), um schließlich bei Gustave-Auguste Ferrié (1869-1932) in seiner Uniform als General der französischen Armee zu landen. Ferrié wurde mit seiner Erfindung des Funktelegrafen (1903-06) berühmt, der als mobiler Sender legendär werden sollte. Bereits 1899 hatte er mit Guglielmo Marconi eine drahtlose Verbindung zwischen Frankreich und England hergestellt. Seine Erfindung erwies sich als äußerst wichtiges und wirksames Kommunikationsmittel für die Armee mit einer Sende- und Empfangseinheit während des Ersten Weltkriegs.

Über dem Funktelegrafenapparat von Gustave Ferrié sieht man eine Reihe Glühbirnen. Der als ihr Erfinder geltende Thomas Alva Edison[43] steht schräg über dem General und eröffnet nun von links nach rechts die zweite Reihe von Wissenschaftlern, deren Entdeckungen einen direkten Beitrag zu den industriellen Entwicklungen leisteten, die unsere heutige Gesellschaft geprägt haben. Edison (1847-1931) begann sein Berufsleben in der Telegrafie (von 1847 bis 1868). Sein Name ist mit zahlreichen Erfindungen verbunden, die Eingang und weite Verbreitung in den Alltag fanden und bis heute in Gebrauch sind. Zu den bekanntesten gehören wohl die Glühbirne und der Phonograph, aber auch die akustische Telegraphie und der Stromzähler. Wie stets bedient sich der Erfinder der technischen Voraussetzungen seiner Zeit, an denen Viele mitgewirkt haben.

Ein wichtiger Meilenstein für den Fortschritt der Elektrotechnik war die erste *Internationale Elektrizitätsausstellung* in Paris (15. August bis 15. November 1881, *Palais de l'Industrie*, Champs-Élysées), die Edison und der Glühlampe eine eigene Abteilung widmete. Die elektrische

---

43 Neben Edison wurden der Russe Alexander Lodygin (1872) und insbesondere der Engländer Joseph Swan (1878) als Erfinder der Glühlampe genannt. Die folgende *Internationale Elektrotechnische Ausstellung* (16. Mai bis 19. Oktober 1891 auf dem Gebiet des damaligen Frankfurter Westbahnhofs sollte ein Meilenstein der Elektrizitätsverteilung darstellen.

Beleuchtung mit Glühbirnen war eine der wichtigsten Innovationen in der Elektrotechnik, die auf der Ausstellung gezeigt wurde, wobei etwa 2 500 Glühbirnen zur Beleuchtung des Ausstellungsraums verwendet wurden. Auf der Ausstellung wurden verschiedene Glühbirnen miteinander verglichen, denn es war zu diesem Zeitpunkt keineswegs sicher, dass der Konkurrenzkampf zu Gunsten Edisons ausgehen würde (der mit seiner Beteiligung am Bau eines Stromnetzes und eines Kraftwerks für New York die Voraussetzungen für die Verbreitung der Glühbirne mit bedachte).

Auf dieser Ausstellung konnte man auch eine ganze Reihe neuer Geräte entdecken, darunter den Dynamo von Zénobe Gramme, das *Theâtrophone*, ein Gerät, mit dem man schon damals Theateraufführungen live hören konnte, und das frühe Telefon von Alexander Bell. Elektrische Straßenbahnen von Siemens fuhren über das Gelände und die Champs-Elysées entlang. Auch ein Boot mit Elektromotor von Gustave Pierre Trouvé war bereits ausgestellt. Der niederländische Beitrag bestand aus einer bereits genannten Elektrifizierungsmaschine, die noch heute im Teylers Museum in Haarlem zu sehen ist.

Wenn man von Edison und seinen Glühbirnen auf die erste Reihe der wissenschaftlichen Erfinder zurückblickt, wird es chronologisch ein wenig verwirrend. Über Pierre und Marie Curie, Mosely, Mendelejew, Geissler und

Baudet kehren wir unter anderem zu Morse zurück. Samuel F. B. Morse (1791-1872) hatte zusammen mit Alfred Vail ab 1835 damit begonnen, ein Gerät zu entwickeln, mit dem Signale über große Entfernungen gesendet werden konnten. Seine Technik beruhte auf der Verschlüsselung von Buchstaben des Alphabets, die in elektrische Ströme umgewandelt wurden. Man nimmt an, dass die erste Nachricht über diese Leitung am 27. Mai 1844 mit durchschlagendem Erfolg verschickt wurde. Sie machte Morse in der ganzen Welt berühmt, denn dieses System – der Morsecode – ließ sich international standardisieren und kann heute noch verwendet werden. Doch die Ehre des ersten Telegrafen gebührt Emile Baudet, denn dieser Telegrafeningenieur ist der eigentliche Erfinder des Telegrafen und ein Pionier der Telekommunikation. Obwohl der *Baud-Code* nach ihm benannt wurde, blieb er weit weniger bekannt. Nach dem Morseschen Codesystem entwickelte Baudet für den französischen Telegrafendienst ein eigenes System, das *Multiplex-Verfahren*. 1874 gelang es ihm, den ersten selbstdruckenden Telegrafen patentieren zu lassen (den Vorläufer des Telex). Dafür wurde er auf der Weltausstellung 1878 mit einer Goldmedaille ausgezeichnet.[44] Als französischer Wissenschaftler durfte er bei Dufy natürlich nicht fehlen.

---

44 »Das zeitmultplexverfahren bezeichnet eine elektronische Signal- und Nachrichtenübertragung, bei der ein Signal in Oszillation mehrere Teilsignale enthält und bündelt.«

Etwas versteckt hinter Morse ist indes Lord Kelvin. Wurde Samuel Morse mit einem auf Luftsignalen basierenden Kommunikationsmittel international berühmt, so William Thomson, 1. Baron Kelvin (1824-1907) mit dem ersten unterirdischen Seekabel zwischen Europa (England) und den Vereinigten Staaten (Neufundland): dem transatlantischen Telegrafenkabel. Diese unterirdischen Telekommunikationskabel, die heute nicht mehr verwendet werden, waren zu ihrer Zeit revolutionär. Inzwischen sind sie durch die modernen Telekommunikationskabel zwischen Europa und Amerika ersetzt worden.

Zu Kelvins wichtigsten Beiträgen zur naturwissenschaftlichen Forschung gehören seine Arbeiten zur Thermodynamik, insbesondere seine mathematischen Analysen. Der zweite Hauptsatz der Thermodynamik, auch bekannt als ›Zweiter Hauptsatz‹, wurde von ihm verfasst. Die *SI*-Einheit Kelvin (Symbol K ist die Einheit der thermodynamischen Temperatur) ist nach ihm benannt. Wie Edison konzentrierte sich auch Kelvin auf die Anwendung seiner Entdeckungen in der Industrie. So war er beispielsweise bei Eastman Kodak tätig und beschäftigte sich mit der Erfindung besserer Navigationsmethoden (einschließlich eines einstellbaren Kompasses) und Sonargeräten. Er schlug auch vor, den Morsecode auf Leuchtturmsignale anzuwenden.

Noch weiter rechts treffen wir schließlich auf den belgischen Erfinder Zénobe Théophile Gramme (1826-1901), der bereits auf der Elektrizitätsausstellung von 1881 erwähnt wurde. Gramme war gelernter Schreiner, dem der Status eines Handwerkers ohne höhere Bildung anhaftete. Seine Erfindungen, wie der Dynamo oder die *Gramme-Maschine*, waren eng auf die praktische Anwendbarkeit ausgerichtet. Um sein Gerät fabrikmäßig herstellen zu können, gründete er daher 1871 mit dem französischen Ingenieur Hippolyte Fontaine die *Societé des Machines magnéto-électrique Gramme*. Diese Fabrik spezialisierte sich auf Dynamos und elektrische Generatoren. Ohne Fontaines Entdeckung (1873), dass Elektrizität transportabel ist, wäre die Zukunft des Dynamos begrenzt gewesen. Die *Gramme-Maschine* erwies sich im Grunde als der erste brauchbare Elektromotor von ausreichender Stärke, weshalb die Abbildung von Figuier in *Les Merveilles de la Science* nicht weiter verwundert. Obwohl Zénobe Gramme in der Liste der Erfinder im Zusammenhang mit der Geschichte der Elektrizität heute nicht zu den bekanntesten gehört. Daß seine Erfindung so bedeutsam für die Luft- und Schiffahrt sein würde, konnte Gramme nicht wissen. Wie so oft, fand die Erfindung zuerst beim Militär Anwendung. Über Gramme, bei der Werft, auf der in Le Havre die neuesten Frachtschiffe gebaut wurden, schwebt gelb-grünlich unterlegt eine kleiner Schiffspropeller. Der Hafen und die Umgebung von Le Havre – Sainte-Adresse, Honfleur,

Trouville, Brest – waren seit den frühen Jahren das Arbeitsgebiet von Dufy. Hier entstanden erste Landschaften. Später kehrte er oft hierher zurück z.B. für Studien und Arbeiten zum *le Cargo noir*, mit denen er sich vor allem in den 1940er Jahren beschäftigte, auch wenn er zu diesem Zeitpunkt bereits die meiste Zeit in Südfrankreich verbrachte, zunächst wegen des Krieges, dann wegen seiner zunehmenden Rheumaschübe.

Zu erwähnen wäre noch Auguste Camille Edmond Rateau (1863-1930) links neben J. W. Gibbs (1839-1903), einem amerikanischen Physiker und Mathematiker, der einen wichtigen Beitrag zu den Anwendungsmöglichkeiten der Thermodynamik leistete. Rateau war nicht nur ein bekannter Ingenieur in Frankreich, sondern legte als Spezialist für die Theorie der Turbomaschine und der Turbokompressoren den Grundstein für die Entwicklung von Ventilatoren, die zahlreiche Anwendungen in ebenso vielen Industriezweigen finden sollten. (Siehe dazu seine *Considérations sur les turbo-machines* (1892) und den *Traité des turbo-machines* (1897-1900)). Eine der ersten Anwendungen fand sich im Bereich der Militärflugzeuge während des Ersten Weltkriegs. Die Turbinen werden hier natürlich als wichtige Anwendungen für das Kraftwerk dargestellt, mit seiner »claire-voie des grues, des pylônes et des pont transbordeurs«.[45]

---

45 Martine Contensou, op. cit., p.60.

Das gesamte mittlere Register der *Fée Électrricité* auf der linken Seite der Fabrik wird gleichsam von Beispielen industrieller Anwendungen eingenommen, die aus den wissenschaftlichen Entdeckungen der oben erwähnten ›*saveurs et penseurs*‹ hervorgingen: im Bereich des Verkehrs, der Kommunikation oder der Medien. Dufys Bild vermittelt einen Eindruck von der neuen Geschwindigkeit, dem Tumult, dem Lärm der Maschinen, die den Menschen seit Beginn des zwanzigsten Jahrhunderts umgeben. Sein Blick auf die Welt war fortan von Beton und Glas, Eisen und Stahl, künstlichem Licht und Radiowellen geprägt. »Ganz oben in der Komposition, nach dem großen Dach aus Eisen und Glas eines Flugzeugbau-Hangars, erahnt man einen weiteren Bahnhof, wenn man das Delta von Eisenbahngleisen mit elektrifizierten Linien hinaufgeht, auf denen ein Zug mit einem Stromabnehmer darauf fährt. [...] Unterhalb der großen Straße des Arsenals von Brest, im Dock von Penhoe(trema)t in Saint-Nazaire, wo es gebaut wird, erhebt sich majestätisch der rote Schatten von dem massiven, schlanken Rumpf des Passagierschiffs *Normandie*.«[46]

Die von Dufy geschaffene Komposition ist also alles andere als abstrakt, man könnte sie vielmehr als fast realistische Collage bezeichnen. Es sind Bilder, denen Dufy begegnete, wenn er die Häfen von Le Havre oder das Arsenal von Brest, das Kraftwerk von Arrighi in

---

46 Martine Contensou, op. cit., p.60.

Vitry-sur-Seine oder das Viadukt von Tolbiac (das abgerissen wurde) besuchte. Wenn er mit dem Zug reiste und den Gare d'Austerlitz oder den Gare de Lyon in Richtung Süden oder Westen verließ oder in einem der Pariser Bahnhöfe wieder ankam. Es ist daher fast überflüssig zu sagen, dass er den Gare St. Lazare gesehen haben muss, der bereits von Claude Monet als Motiv verwendet wurde und weithin bekannt ist (heute im Musée d'Orsay, Paris), da er ein Bewunderer der impressionistischen Maler und insbesondere von Monet war. Raoul Dufy hatte bekanntlich ein großes Interesse an der Entwicklung der Malerei in Paris und darüber hinaus; er besuchte nicht nur regelmäßig Ausstellungen in Museen und Galerien, sondern kannte auch zahlreiche Künstlerkollegen persönlich. Dies geht aus der oben zitierten *Causerie* hervor.[47]

Abgesehen von der ›industriellen Realität‹ scheint Dufy für seine visuelle Montage auch eine Reihe von fotografischen Beispielen herangezogen zu haben. Außerdem waren zu dieser Zeit viele Postkarten, Plakate und Poster im Umlauf, so dass es kein Problem war, sie zu verwenden. Als Repräsentation für die Neonlichter, Werbeschilder und Ankündigungen konnte Dufy nicht umhin, seine eigene, unmittelbare Umgebung von Montmartre als Beispiel zu verwenden – hier jedoch nach einer Lichtreklame

---

47   Pierre Courthion, *Mes Causerie avec le Peintre*, in: Pierre
     Courthion. *Raoul Dufy*, Pierre Cailler, Genf, 1951, p. 40-75.

›*La cuisinière au porte-monnaie*‹ von Jean Carlu des Kino *Gaumont* in Paris [48]. Tatsächlich war es Carlu, der das entsprechende Plakat für die *Exposition internationale* 1937 entworfen hatte und der für den *Pavillon de la publicité* (Pavillon der Werbung) verantwortlich war.

Wie bereits angedeutet, veränderte sich zu Dufys Zeiten das nächtliche Stadtbild in rasantem Tempo. Leuchtstoffröhren wurden in der neuen Welt der Werbung schnell populär. Und diese Form der Leuchtreklame bestimmte schon bald die nächtliche Atmosphäre in den Vergnügungszentren, insbesondere in Montmartre, Paris. In der Zwischenzeit hatten Hersteller wie *General Electric* und *Philips* in den 1930er Jahren mit der Produktion der Quecksilberhochdrucklampe und der Quecksilberniederdrucklampe begonnen, die die Form der uns bekannten Leuchtstoffröhre annahmen. Diese Lampen verwendeten bereits fluoreszierende Materialien, die die UV-Strahlung des Quecksilbers in Licht umwandelten. Der große Durchbruch brauchte einige Zeit, aber man kann ihn als den Beginn der für das Fernsehen unverzichtbare Kathodenstrahlröhre sehen.

Zusammenfassend lässt sich sagen, dass die linke Seite der ›*savants et penseurs*‹ hauptsächlich aus Wissenschaftlern bestand, die sich auf die praktischen technischen Möglichkeiten konzentrierten und somit einen wesent-

---

48 S. o.a. Martine Contensou, op. cit., p.53

lichen Beitrag zu den Anwendungen der Elektrizität leisteten, während die Wahl der rechten Seite zum Teil von wissenschaftlichen Denkern und Philosophen bestimmt wurde, die sich zwar mit Experimenten beschäftigten, aber im Grunde noch auf der Suche nach einer Art Definition des Phänomens der Elektrizität waren.

Der Platz, den der Dichter und Schriftsteller Johann Wolfgang von Goethe (1749-1832) einnimmt, ist daher eher ungewöhnlich – er ist eine der letzten Personen auf der rechten Seite, mit einer Art Schriftrolle in der Hand, die auf seine Urheberschaft hinweist. Es sei denn, man stellt seine Schrift *Zur Farbenlehre* (1810) Raoul Dufys eigenen Vorstellungen von Licht und Farbe gegenüber. Wie bereits angedeutet, spielen sie in seinem Werk eine zentrale Rolle, man könnte sogar sagen, sie sind der Ausgangspunkt für seine Verwendung von Farbe und Licht. Raoul Dufy hat in seiner Korrespondenz und in Gesprächen aus gutem Grund immer wieder seine Theorie der Farbe dargelegt. Zum Beispiel in der bereits zitierten *Causerie* mit Courthion:

»Im Zusammenhang mit den Farben erinnert mich Dufy an Folgendes: ›Blau ist die einzige Farbe, die in allen Graden ihre eigene Individualität bewahrt. Nehmen Sie Blau in seinen verschiedenen Schattierungen,‹ sagte er zu mir, ›von der dunkelsten bis zur hellsten; es wird immer

Blau sein, während Gelb in den Schatten schwarz wird und in den Hellen verblasst, während Dunkelrot zu Braun wird und – mit Weiß verdünnt – nicht mehr Rot ist, sondern eine andere Farbe: Rosa.‹‹[49]

Eine Woche später setzte Dufy seine Unterhaltung mit Courthion über seine Theorie des Lichtes fort: »Wenn man dem Sonnenlicht folgt, ›vergißt man die Zeit‹. Das Licht der Malerei ist etwas ganz anderes: Es ist ein Licht der Verteilung, der Komposition, ein Licht der Farbe. Was sehen wir nun in der Natur, abgesehen von dem blendenden Sonnenstrahl? Die Farbe befindet sich auf dem beleuchteten Teil, und die Schatten sind entfärbt. Das Verfärbte ist das Neutrale, es ist das Weiße. Natürlich ist der Schatten nie ganz entfärbt; in ihm findet ein Abbau der Farbe statt, Reflexionen werden sichtbar. Aber was die Leute täuscht, wenn man ihnen vom Licht erzählt, ist, dass sie sich sofort die Sonne und den Schattenwurf vorstellen (so kann man sich die Schattenlöcher à la Guido Reni erklären, das missbräuchliche Hell-Dunkel, das die Form zerfrisst und unterdrückt).«[50]

Courthion und Dufy sprachen auch über Goethes Farben-lehre, aber inwieweit sich der Künstler damit ausein-

---

49   Raoul Dufy, in: Pierre Courthion, *Mes Causerie avec le peintre* (jeudi 6 mai 1948, jour de l'Ascension), in: Pierre Courthion, *Raoul Dufy*, Genf, 1951, p.52.

50   Raoul Dufy, in: Pierre Courthion, *Mes Causerie avec le peintre* (jeudi 13 mai, 1948) in: *Raoul Dufy*, Genf, 1951, p.65.

andergesetzt hat, ist nicht ganz klar. Es scheint, dass Dufys Vorstellungen von Farbe und Licht eher denen Goethes als denen Newtons ähnelten. Ihre Herangehensweisen waren quasi diametral entgegengesetzt. Mariani: »In Entgegnung auf Newtons Theorie behauptet er (Goethe), nicht das Licht entstehe aus den Farben, sondern die Farben seien im Gegenteil eine Verdunkelung des Lichts oder eine Wechselwirkung desselben mit der Dunkelheit der Materie.[...] Das Phänomen des Lichts und den Farben bedeutet Staunen und Wundern, und man kann ihm nur mit einer erhöhten inneren Sensibilität begegnen.«[51]

Wenn der Betrachter also seine Augen wieder von rechts nach links über die Leinwand wandern lässt, wird ihm die Verschiebung der Farbpalette nicht entgehen. Die Palette der hellen Farben mit vorherrschenden Grün- und Gelbnuancen mit roten ›Flecken‹ hier und da wechselt zu Blau mit all seinen verschiedenen Tönen und überwiegt in den mittleren Tafeln, um schließlich links in das dunklere Spektrum der Regenbogenfarben überzugehen.

---

51 Massimo Mariani, op.cit., p. 49. S. Johann Wolfgang von Goethe, *Zur Farbenlehre*, 2 Bd. Tübingen [Cotta] 1810; Isaac Newton, *Opticks: Or, a Treatise of the Reflexions, Refractions, Inflexions and Colours of Light*, 1704.

Musik und Architektur

Dieser dritte und letzte Teil des Bildes eröffnet mit einem vollständigen Symphonieorchester und einem lauthals singenden Chor. Es ist Abend. Musik war schon immer ein wichtiger Teil von Dufys Leben. Er wuchs in einer Familie auf, in der die Musik einen festen Platz im täglichen Leben einnahm. Sein Vater, ein begeisterter Amateurmusiker, war Organist, und Dufy selbst spielte Klavier und Orgel. Mehrere seiner Brüder erlernten ebenfalls ein Instrument; sein Bruder Gaston beispielsweise spielte Flöte, ein anderer Bruder wurde Direktor der Zeitschrift *Courrier musical* in Paris. So ist es nicht verwunderlich, dass der Künstler schnell in der (klassischen) Pariser Musikszene Fuß fasst. Und auch nicht, dass er in seinem Werk eine Form der Verarbeitung seiner musikalischen Eindrücke suchte. Vielmehr sagt eine vielzitierte Notiz auf der Rückseite eines Aquarells alles über das enge Wechselspiel zwischen Dufys malerischem Werk und der Musik aus; wie zwischen dem Klang eines Instruments und der visuellen Wirkung einer Farbe.

In einer handschriftlichen Notiz auf der Rückseite eines Aquarells schrieb Dufy: »Man muss das Motiv und die Klangfarbe seines Instruments, das sich vom Klang des gesamten Orchesters abhebt, nachahmen, indem man eine Gruppe von Instrumenten beleuchtet und ihr eine Form gibt, eine Art Ausschnitt, der nichts mit dem

Instrument oder dem Instrumentalisten zu tun hat, sondern ein abstraktes Zeichen ist, das die Musik einer Passage darstellen kann. Wenn Sie also die losgelöste Klangfarbe der Flöte betonen wollen, beleuchten Sie die zwei oder drei Instrumentalisten mit einer Art blitzartigem oder funkensprühendem Licht in Veronesegrün und Weiß. Bei der Oboe oder Klarinette sollte der Effekt kugelförmig sein (z. B. in Braun mit hellen, blauen oder roten Akzenten). Für die Violinen eine weiche horizontale Kurve. Zweite Violinen in die andere Richtung. Für Celli: Schlängelungen in der Höhe. Bei Posaunen oder Trompeten sternförmig. Bei den Pauken kleeblattförmig. Bei den Bratschen wolkenförmig.«[52]

Insbesondere nach dem Zweiten Weltkrieg scheint die Musik für ihn als Inspirationsquelle für die visuelle Interpretation in Farbe noch wichtiger geworden zu sein. Auch angesichts der Zahl der ›Orchesterstücke‹ und Gemälde, in denen ein Instrument die Hauptrolle spielt. [53] Hier repräsentiert das *Grand concert* einen neben den neuesten Formen der Unterhaltung wie dem Kino für Dufy wichtigen bleibenden Teil des Pariser Kulturlebens. Über dem Orchester thront eine ephemere *Fée Électricité*. Sie

---

52 Zit. Marcel Grey, Le Fauvisme, ses origines, ses évolutions. Idées et Calendes, Neuchatel, 1981, p. 81-82.
53 Wie z.B. in *Blue Quintet*, 1946; *Le Grand Concert*, 1948, *Le Violon rouge*, 1948 , *Nature morte au violon – hommage à Bach*, 1952. S. u.a. *Le Paris de Dufy*, Musée de Montmartre, Jardins Renoir, Paris [In Fine éditions d'art] 2021.

fliegt im gelben Licht der Scheinwerfer vor einem Hintergrund aus Regenbogenfarben – Bändern in einer Skala von Grau-Blau-, Gelb-Gold-, Rot- und Brauntönen, die in das Schwarz einer Nacht mit einigen Sternen und einer Mondsichel übergehen. Dieser gesamte Hintergrund ist mit allen möglichen Bauwerken der westlichen und östlichen Geschichte gefüllt, von Ägypten, Griechenland bis Amerika; von den ägyptischen Pyramiden, dem Petersplatz in Rom, dem Weißen Haus in Washington bis – natürlich – zum Eiffelturm und anderen französischen Monumenten. Gezeichnet mit den Merkmalen, durch die sie berühmt wurden, sei es durch ihre Fassade, ihre Kuppel oder ihren Turm, stehen sie für die Architektur als eine der großen Kunstformen der Menschheit. Als relativ kleine gezeichnete Module, wie Piktogramme, nehmen sie die gesamte linke obere Seite ein, schweben gleichsam gegen das rosafarbene Glühen der untergehenden Sonne, manchmal nur vage sichtbar. Der Tag neigt sich dem Ende zu; ganz links oben in der Ecke leuchte eine Mondsichel in sternenklarer Nacht.

Man könnte sagen, dieses ganze Feld ist die Kulisse für die *Fée*, die sich dem Auge des Betrachters immer wieder aufdrängt, so dass es ihm schwer fällt, loszulassen. Das im Wind flatternde *Voile*-Gewand der *Fée Èlectricité* erinnerte mich zunächst an eine *Nike*, allerdings ohne Flügel. (Die *Nike von Samothrake* ist eine der berühmtesten griechischen Skulpturen im Louvre). Der Vorstellung der

Fée näher sind im wahrsten Sinne des Wortes aber die Nymphen oder – genauer gesagt – die Nereiden, die uns auf altgriechischen Amphoren begegnen. Hier begleiten sie oft den Gott Poseidon, manchmal auch Aphrodite oder Artemis. Die Hochzeit der Nereide Amphitrite mit Neptun war über Jahrhunderte hinweg ein beliebtes mythologisches Thema in der Malerei und Bildhauerei. Dufy hat dieses Thema in seinem Werk mehrfach aufgegriffen. Die Fee erinnerte mich außerdem an eine der Nereiden des berühmten *Nereiden-Denkmals* von Xanthos in Lykien, dessen Fassade sich im Britischen Museum (London) befindet, benannt nach ihren (elf erhaltenen) lebensgroßen weiblichen Skulpturen mit im Wind aufwehenden Gewändern. In der griechischen und römischen Mythologie waren die Nereiden oder Nymphen eine Art Naturgeister. Sie galten als Göttinnen niederen Ranges, die die Kräfte der Natur verkörperten, Geister, die überall erscheinen konnten, als Bewohner von Bergen und Tälern, von Bäumen, Pflanzen und Blumen, Flüssen und Wiesen, aber niemals bösartig.

Nun hat die *fée* in der französischsprachigen Welt eine lange Tradition. Nach französischer und germanischer Überlieferung sind Feen Wesen – in der Regel Frauen –, die mit übernatürlichen Kräften, mit dem Wissen über Magie, Kräuter, Steine mit bestimmten Eigenschaften usw. ausgestattet sind. Sie sind immer eng mit den Elementen der Natur verbunden. So gab es eine große

Vielfalt ›weißer Frauen‹, Nymphen, Sirenen bis hin zu Nereiden oder Meerjungfrauen. (Im modernen Griechenland steht der Begriff Nereide (νεράιδα) inzwischen für alle Nymphen, Feen und Nixen).

Es würde zu weit führen, hier auf die verschiedenen Bedeutungen der Fee und ihre Traditionen einzugehen. In der bildenden Kunst und in der Musik erfreuten sich jedoch aus irgendeinem Grund Nymphen, Faune und andere ätherische Wesen am Ende des neunzehnten Jahrhunderts großer Beliebtheit, insbesondere um die Jahrhundertwende bis in die 1930er Jahre. (Odilon Redon, Claude Debussy). Das Phänomen der Elektrizität wurde daher in Frankreich bald mit einer weiblichen allegorischen Figur in Verbindung gebracht. Wie dem auch sei, in seinem Monumentalgemälde für die Weltausstellung von 1937 war die antike Mythologie eindeutig eine Referenz und Inspirationsquelle für Raoul Dufy.

I I I

Von der Fee zur *Fée électricité*

Es wird allgemein angenommen, dass Raoul Dufy sich
den Titel für sein majestätisches Gemälde nicht selbst
ausgedacht hat. Aber da er den Titel anscheinend akzep-
tierte, werden wir nie erfahren, ob er nicht vielleicht
einen anderen Titel vorgezogen hätte. Vielleicht so etwas
wie *Triomphe de l'Électricité*? – analog zum Namen eines
ebenso monumentalen Auftrags für ein Werk im Rahmen
des Neubaus der Schweizer Universität Fribourg,
Triomphe de la Religion. Ein Auftrag, den er – nach
eigenem Bekunden – aufgrund seines immer stärker wer-
denden Rheumatismus absagen musste.[54]

Es könnte auch sein, dass sich der Titel einfach aus dem
Thema selbst ergeben hat, denn es ist auch nicht das erste
Mal, dass man dieser Bezeichnung begegnet. Es war
sicherlich die naheliegendste Bezeichnung, da Dufy vom
Pariser Elektrizitätswerk beauftragt wurde, ein Fresko
zum Ruhm dieser nächtlichen – d.h. ständig scheinenden
– Sonne zu schaffen, um *»traduire la grandeur de
l'Electricité«* und *»d'exalter sa valeur humaine«*.[55]

---

54 Pierre Courthion, op. cit., p.49.
55 Martine Contensou, op. cit., p.13.

Auf jeden Fall war eine *Fée électricité* in Frankreich schon seit einiger Zeit um 1937 ein gängiger Ausdruck. Wann er zum ersten Mal auftauchte, lässt sich nicht genau nachvollziehen, aber es scheint in der zweiten Hälfte des 19. Jahrhunderts gewesen zu sein. Jules Verne beschrieb die Elektrizität noch als »Wärme, Licht, Bewegung, in einem Wort: Leben«. Manchmal finden wir auch schon das Wort *genie*[56] oder Göttin als Personifizierung von Naturkräften. Im 19. Jahrhundert sprach man auch von der Göttin der Elektrizität, *The Goddess of Electricity*. Häufig begegnet einem aber schon das Wort ›fée‹. *Fée* kann hier jedoch nicht mit dem englischen *fairy* übersetzt werden, das eine ganz andere Kulturgeschichte hat. Daher sind die englischen Begriffe im Allgemeinen neutraler. Manchmal wird Elektrizität als ›*The Electricity Fairy*‹, manchmal als ›*The Spirit of Electricity*‹ personifiziert.[57] Bei der Darstellung des ›unsichtbaren Lichts‹ ist es nicht verwunderlich, dass die ersten Illustrationen und Darstellungen auf klassische allegorische Figuren zurückgriffen, in der Regel Frauen, weibliche Göttinnen. Allerdings

---

56 engl., abgeleitet aus dem Arabischen *jinn* (جِنّ) - unsichtbare Wesen der muslimischen Mythologie.

57 Einzelne, zufällig gefunden Beispiele: Gaetano Matteo Monti, *Iris as goddess of the rainbow* (1841, Marmor), Kunsthistorische Museum, Wien; Guy Head, *Iris Carrying the Water of the River Styx to Olympus for the Gods to Swear* (c. 1793); Tommaso Piroli, *Iris sent by Jove in the Iliad*, Stich nacj John Flaxman. S.a.: Bruno Foucart, *Les représentations de la femme electricité au temps des expositions universelles ou les métamorphoses d'une fée.* www.persee.fr/doc/helec_0758-7171_1992_num_19_1_1178

kann von einer festen ikonografischen Form oder Regel nicht die Rede sein.

Eines der frühesten Beispiele ist die Medaille, die Oscar Roty anlässlich der ersten *Internationalen Elektrizitätsausstellung* in Paris vom 15. August bis 15. November 1881 im Industriepalast auf den Champs-Elysées entwarf.[58] Als Visualisierung der Elektrizität wählte er eine weibliche Allegorie, die auf ein antikes Vorbild zurückgeht. Rotys Allegorie der Elektrizität ist eine schwebende oder tanzende Figur, die in flatternde Gewänder gehüllt ist und eine Art Fackel in ihrer rechten Hand hält. In der griechischen Vasenmalerei finden wir zahlreiche Darstellungen von Göttinnen oder anderen Frauen aus der griechischen und römischen Mythologie dieser Art. Durch die Jahrhunderte hindurch wurde häufig auf sie Bezug genommen. Ein gutes Beispiel sind die Allegorien der vier (später fünf) Kontinente als Göttinnen: Europa, Asien, Afrika und Amerika. Diese Tradition gilt auch noch im achtzehnten und manchmal sogar bis weit ins neunzehnte Jahrhundert hinein. Beispiele für Oscar Roty gab es also zuhauf. Aber die Frage, ob Roty bereits an die

---

58 Oscar Louis Roty, Parijs 1846- Parijs 1911, war Medailleur und Bildhauer. Er wurde vor allem mit seiner *Semeuse (Säerin)* bekannt, der Darstellung einer Frau, die die Saat auf dem Acker einbringt, ein Motiv, daß sich auch zahlreichen Münzen und Medaillen findet und noch immer verschiedene französische Briefmarken ziert.

Göttin des Lichts, Iris, gedacht hat, ist vielleicht gar nicht so abwegig.

Die Weltausstellung, die 1889 in Paris stattfand, war die Geburtsstunde der Elektrizität. Es ist bekannt, dass bei dieser Gelegenheit der Eiffelturm eingeweiht wurde, aber es wird oft vergessen, dass diese Ausstellung auch ein Mittel war, um den Einbruch der Elektrizität in die Künste und die Industrie zu feiern.

Im *Jahrbuch der Ausstellung von 1900* heißt es: »Wenn der *Palais de l'Electricité* aus irgendeinem Grund oder aus anderen Gründen zum Stillstand kommt, kommt die gesamte Ausstellung mit ihm zum Stillstand [...]. Tatsächlich entsteht im *Palais de l'Électricité* alle Energie, die zur Beleuchtung und zum Betrieb der verschiedenen Einrichtungen der Ausstellung nötig ist.« Vor der Fassade, die nachts vollständig beleuchtet ist, befindet sich ein Wasserturm in Form eines Brunnens mit einer 6 Meter hohen Statue, dem *Geist der Elektrizität*. Das Ganze soll beeindrucken und alle Möglichkeiten der Elektrizität zeigen, die 1900 seit etwa 20 Jahren vom Menschen kontrolliert werden.[59]

---

59 „*Exposition universelle de 1900*, palais de l'Électricité, château d'eau et palais de la Mécanique et des Industries chimiqeúes – Eugène Hénard / Musée d'Orsay (archive)", www.musee-orsay.fr (06.08.2024) S.a.: „L'histoire de l'extraordinaire Palais de l'Électricité", *Vivre Paris* (06.08.2024)

Louis-Ernest Barrias (1841-1905) wählt das klassische
Beispiel des weiblichen Aktes und stellt in seinem Werk
L'Electricité 1889 zwei imposante Akte dar, die eine neben
einem Himmelsglobus stehend, die andere auf dem
Globus sitzend. Sie sollten nach Bruno Foucart den nega-
tiven und den positiven Pol symbolisieren.[60] Am Fuß der
Weltkugel stehen eine Voltasäule und ein Gramme-
Dynamo, die die neuen Ergebnisse der elektrischen For-
schung demonstrieren. Barrias' Skulptur zierte eines der
Eingangstore der *Galerie des Machines*, die anlässlich der
Pariser Weltausstellung 1889 errichtet wurde (siehe
oben). Das Bauwerk wurde im Jahr 1900 für andere
Zwecke verwendet, so dass die Besucher Barrias' *Fée
électricité* erneut bewundern konnten. Während der
Weltausstellung von 1900 stand die Elektrizität selbst im
Mittelpunkt, und zwar mit einem eigenen *Palais de
l'Electricité*, der buchstäblich von einer mehr als sechs
Meter hohen Statue gekrönt wurde, die von einem
abendlichen, hell funkelnden Lichterkranz umgeben war.
Diese Allegorie der Elektrizität, die manchmal ›*génie de
l'électricité*‹, manchmal ›*fée de l'électricité*‹ genannt wird,
krönte ihrerseits einen Wagen mit Hippogreifs, die
Fackeln des Fortschritts schwenkten. Doch diese
leuchtende Fee wird nirgends genau beschrieben. Aus
der Ferne aufgenommene Bilder und Fotografien deuten

---

60   Bruno Foucart, Les répresentations de la femme electricité au
    temps des expositions universelles ou les métamorphoses
    d'une fée. www.persee.fr/doc/helec_0758-
    7171_1992_num_19_1_1178

auf eine stehende Figur hin, die ganz von einem leuchtenden Strahlenkranz umgeben ist. War sie in ein Gewand gehüllt, oder war sie nackt? Nicht nur mythologische Erzählungen und Darstellungen, sondern auch biblische Figuren und christliche Heilige im Mittelalter und in der Renaissance waren oft von einem Strahlenkranz umgeben, um auf ihre übernatürliche Herkunft oder ihre Kräfte hinzuweisen. Als christlich-religiöses Beispiel denken wir vor allem an Maria Regina als Himmelskönigin. Als Beispiel aus der antiken Götterwelt verweise ich auf den Sonnengott Apollo (siehe Giambatista Tiepolo, Würzburg). Auch die Darstellung auf einer Medaille des *Palais de l'Électricité*, die anlässlich der *Exposition universelle* herausgegeben wurde, ist nicht wirklich erhellend, obwohl es sich hier eindeutig um eine nackte Figur mit erhobener Fackel zu handeln scheint.

An der symbolischen Bedeutung kann es jedenfalls keinen Zweifel geben. In seinem Essay *1900* schrieb der französische Schriftsteller und Diplomat Paul Morand: »Auf der Spitze des Palastes, Mutter und Göttin, wacht die Fee, und jeden Abend ertönt ein seltsames, knisterndes, verdichtetes Lachen: das Lachen der Fee Elektrizität. So viel wie Morphium in den Boudoirs um 1900, triumphiert sie auf der Ausstellung; sie wird wie die wahren Könige aus dem Himmel geboren.«[61] Dufys Allegorie der

---

61 Paul Morand, zit. in: Thierry Paquet, Paris 1900, Le Palais de l'Électricité, in: *Les Cahiers de Médiologie*, 10/2000, pp. 200-207.

Fee verweist zweifelsohne auf die (griechische) Antike. Keineswegs ist Dufys ikonographische Darstellung allerdings so eindeutig. Seine Fee ist jedoch gewiß eine Göttin, französisch *déesse*, ob sie nun an Nike, die Siegesgöttin, eine Nereide (man denke an das berühmte Nereiden-Denkmal von Xanthos), erinnert, oder ob sie Iris, die Göttin des Regenbogens und des Lichts darstellt. Oder vielleicht doch Venus, die Göttin der Naturkräfte, vor allem aber der Schönheit, der Kunst und der Kreativität?

Lukrez

Ich habe zu Beginn meines Aufsatzes erwähnt, dass Dufy eine Ausgabe von Lukrez *De rerum natura* in die Hand nahm, bevor er sich entschloss, den Auftrag anzunehmen, eine Eloge über Elektrizität zu malen. Dass Dufy von *De rerum natura* inspiriert wurde, steht außer Zweifel. Es bleibt jedoch die Frage, was ihn so sehr interessiert haben könnte. Und inwieweit könnte Lukrez Dufys *Fée* eine Richtung gegeben oder gar als Leitfaden gedient haben?

Oft wird Dufys Interesse damit in Verbindung gebracht, dass Lukrez sich mehrfach über das Wesen des Lichts und der Farbe geäußert hat. In Buch II, Band 3, schrieb er zum Beispiel: »… Urelemente sind absolut ohne Farbe, tragen weder die Farbe der Dinge noch irgendeine andere. [...] Ist den Urelementen keine Farbe gegeben, dafür aber jedem Gestalt, können sie, derart ausgestattet, Dingen farben verleihen, und zwar jede auch wechselde Farbe.[...] Weil ohne Licht Farben nicht sein können, weil zudem Urelemente der Dinge nicht ans Licht treten, ergibt sich, dass sie nicht in irgendwelche Farbe gekleidet sind. Welche Farbe könnte dort auch sein, in undurchdringlichem Dunkel? Farbe ändern sich im Licht, denn wie sie zurück gestrahlt werden, ist abhängig davon, ob der Lichtstrahl sie senkrecht oder schräg trifft.«[62]

Über das Leben des Titus Lucretius Carus (ca. 99-94 bis 55-53 v. C.) ist noch wenig bekannt. Es wird jedoch angenommen, dass er sein berühmtes Werk um 60 v. C. schrieb. Es besteht aus sechs Teilen oder ›Büchern‹. Bücher I und II befassen sich mit der Entstehung der Welt und der Entwicklung der Natur und der Menschheit aus der Lehre vom Atomismus. Buch I trägt den Untertitel: *Erstes Buch von den Urelementen. Die Leitsätze unserer Lehre. Die Welt: Atome und Leere, sonst nichts.* Darin leitet Lukrez das zentrale Thema seines Werkes direkt mit der Frage ein: Wie ist diese Welt beschaffen? Lukrez folgte im Wesentlichen der atomistischen Theorie Demokrits, wonach der Kern der Welt aus Atomen als kleinsten festen Teilchen besteht. (I und II) Klaus Binder übersetzte sie als »Urelemente [...] unteilbar Eines und unveränderlich«. Dem gegenüber steht die Welt des Nichts, der Leere. Auch Lukrez sprach bereits von einer »Unend-

---

62 Lukrez, *De rerum natura*, p.91ff.

lichkeit des Universums, und Unendlichkeit des Raumes.«[63] Er analysierte und argumentierte damit das - für ihn – Wesen der fünf Elemente, Licht, Luft, Wasser, Erde, Feuer. Er beschrieb die Kräfte der Naturelemente als Aspekte der Erde, der Jahreszeiten und der Tätigkeiten des Menschen.

Lukrez glaubte nicht, dass die Götter des Olymps die Welt der Menschen beeinflussten, geschweige denn, dass sie diese beherrschten. Das heißt nicht, dass er nicht an (die) Götter glaubte. Auch für Lukrez gab es eine Welt der Götter. Lukrez beginnt sogar mit der *Anrufung der Venus,* der er sein Werk widmet. *Venus,* schreibt Binder, ist bei Lukrez »nicht nur das physisch kreative Prinzip, sondern auch Inspiratorin poetischer Kreativität und Schönheit«.[64] Lukrez schrieb sein *De rerum natura* , umzu zeigen, wie er selbst sagt, dass »die Welt so ist wie sie ist, nicht durch göttliches Wirken und auch nicht für uns geschaffen - zu viel, zu groß sind die Fehler, mit denen sie behaftet ist. Später Memmius, werde ich dir dies genauer erklären.«[65] Lukrez wollte die Menschen von ihren abergläubischen Vorstellungen und Ängsten vor

---

63   Lukrez, op. cit., p.35, p.65.
64   Binder: „Lukrez lehnt die traditionellen mythischen Göttervorstellungen ab, insofern ist seine Anrufung der Venus insgesamt allegorisch zu verstehen. Venus steht für das Leben der Natur, für die Zeugungskraft der Natur. Ihrer Darstellung dient das ganze Poem, die Lukrezsche Poesie." Lukrez, *Über die Natur der Dinge.* Zitat Klaus Binder, op.cit., Galiani, Berlin, 2015,Fn. 1ff. p.250.

den Göttern befreien. Dass dies selbst für die damalige Zeit eine revolutionäre Idee war, sollte nicht überraschen. Dass sie in der mittelalterlichen christlichen Glaubensgemeinschaft nicht gut ankam, verunsicherte ebenfalls. Stephen Greenblatt und andere vermuten, dass dies einer der Gründe gewesen sein könnte, warum *De rerum natura* jahrhundertelang in Vergessenheit geriet, selbst lange nach der Entdeckung eines Manuskripts von Poggio Bracciolini.[66] *De rerum natura* wurde in Europa mit der Aufklärung wieder sehr populär, vor allem im späten 18. Jahrhundert Besonders reizvoll waren die Ideen über die Entstehung der Welt ohne göttliches Eingreifen, da Lukrez, wie andere zu dieser Zeit, ein Eingreifen von ›oben‹ ablehnte. Erst im frühen 19. Jahrhundert wurde – angeregt von Goethe – die erste deutsche Übersetzung des Lukrez durch einen gewissen Karl Ludwig von Knebel veröffentlicht.

De rerum natura ist aber vor allem eine didaktische Geschichte in Versform über die technische und kulturelle Entwicklung des Menschen, also über das Menschsein und seine Fähigkeit, ein eigenes Weltbild zu schaffen. Damit knüpft Dufy gewissermaßen an Lukrez an. Sein Werk *La Fée Électricité* schildert gleichsam neben der

---

65 Lukrez, op. cit., p. 76. Buch II, *Die Welt: Weder Schöpfung noch für die Menschen gemacht.*
66 S. z.B. Stephen Greenblatt, The Swerve. How the World became Modern, W.W. Norton, New York, 2011.

Geschichte der wissenschaftlichen Entdeckungen und technischen Entwicklungen rund um das Licht und das Phänomen der Elektrizität ebenso eine Kulturgeschichte in Bildform. Wo Lukrez mit der Anrufung der Göttin Venus beginnt, stellt Dufy die Göttin und Fée Iris – Göttin des Lichts als ein Urelement der Natur – in den Mittelpunkt. Das große, allumfassende Thema ist und bleibt für Dufy jedoch die Schönheit der Kunst. In diesem Sinne scheinen Iris und Venus einander in ihrer Bedeutung zu ergänzen, überschneiden sie sich in ihrem allegorischen Sinn. Iris - Venus, Venus - Iris. Es ist eine Venus nicht nur als Göttin der Naturkräfte, nicht nur der Liebe, sondern auch der Schönheit, d.h. der Künste, sei es der Poesie, der Architektur, der Malerei, sei es der Wissenschaft und Technik.

La Fée : eine Reise in der Zeit

Die *Fée Électricité* kann also sowohl horizontal, von rechts nach links, als auch vertikal, von oben nach unten, gelesen werden. Die *Fée Èlectricité* kann auch umgekehrt gelesen werden. Wie bereits erwähnt, ermöglicht Dufy dem Betrachter damit nicht nur eine Reise in die Entdeckungsgeschichte der Elektrizität, angefangen von der griechischen Mythologie bis hin zu seiner eigenen Zeit.

Wie Lukrez seinen Leser, so lässt Dufy den Betrachter verschiedene Zeitreisen unternehmen. Da ist zunächst die, welche dem Verlauf des Tages folgt: In der rechten oberen Ecke zeigt der Künstler die aufgehende Sonne, die Morgendämmerung ist da. Hier regnet es und es blitzt, aber anderswo scheint die Sonne, ein Regenbogen erscheint am Himmel. Nach einem arbeitsreichen Tag, sei es der Bauer, der seine Felder bestellt, der Arbeiter, der im Kraftwerk oder in einer anderen Fabrik arbeitet, die Menschen, die sich am Abend auf dem Montmartre vergnügen, der Pianist und das Orchester, die ein Konzert spielen, geht der Tag zu Ende. In der oberen linken Ecke ist es Nacht geworden. Ein Sternenhimmel mit einer Mondsichel erhellt den Nachthimmel. Eine andere folgt den Jahreszeiten: Im Frühjahr werden die Felder gepflügt, die Saat wird ausgebracht. Im Spätsommer und Herbst werden auf den Feldern Trauben geerntet und gepresst, Getreide gemäht und zu Hocken aufgestellt, ein Bauer kümmert sich um seine Pferde, im Wald fällen und sägen Holzfäller Stämme, in der Schmiede ist der Schmied mit dem Schmieden von Eisen beschäftigt. In einer dritten Sequenz malt Dufy die noch ›unberührte‹ Welt des Menschen, der draußen in der Natur arbeitet, sowie eine Gesellschaft, die in Dufys Jugend noch existierte, wenn auch schon mit den damaligen technischen Möglichkeiten. Trotz der industriellen Revolution, der Einführung von Maschinen, Transport- und Kommunikationsmitteln, einer neuen Welt des elektrischen

Lichts, in der ohne diese *fée électricité* eigentlich nichts mehr funktioniert, spielen die bildenden Künste, die Literatur, und die Musik weiterhin eine zentrale Rolle für den Menschen. Und so machen wir schließlich auch eine horizontale Reise entlang der kulturellen Schöpfungen des Menschen, der Kunst, der Musik und der Architektur.

Und was Dufys Kosmos der Farben betrifft: Wie oben beschrieben, beginnt die Reise von rechts nach links mit dem Erwachen der Natur, mit dem neuen frischen Grün, das sich im Herbst zu mehr Gelbtönen wandelt. Das Farbschema von Dufy ist überwiegend blau, zur Mitte der Leinwand hin blau-grau - ein Hinweis auf den Sommer? – um schließlich in eine Reihe von dunkleren Farben überzugehen – ein Hinweis auf den Herbst/ Winter? Auf diese Weise handelt es sich aber auch um schematische Abfolge der Farben des Regenbogens. Dufys Welt der *Fée Électricité* ist somit zu einer komplexen Welt mit vielen Bedeutungsschichten geworden.

Letztlich ist *Fée Électricité* also vor allem eine Lobrede auf das Licht, d.h. das Licht als Farbe, als die Farben, die der Künstler mit seiner Farbe auf die Leinwand zaubert: und damit eine Lobrede auf die Malerei.

Liste der ›*savants et penseurs*‹

d'Alembert, Jean Le Rond 1717-1783
Ampère, André-Marie 1775-1836
Arago, François 1785-1853
Archimedes 3. Jhdt. v. C.
Aristoteles 4. Jhdt. v. C.
Arrhenius, Svante August 1859-1927

Bacon, Roger 120-1292
Baudot, Emile 1845-1903
Becquerel, Antoine-César 1788-1878
Bell, Alexander Graham 1847-1922
Bernouilli, Daniel 1700-1782
Biot, Jean-Baptiste 1774-1862
Borda, Jean-Charles da 1733-1799
Boyle, Robert 1627-1691

Carlisle, Sir Anthony 1768-1840
Carnot, Sadi 1796-1832
Cavendish, Henry 1731-1810
Clapeyron, Emile 1799-1864
Clausius, Rudolf 1802-1888
Coulomb, Charles de 1736-1806
Crookes, William 1832-1919
Curie, Marie 1867-1934
Curie, Pierre 1859-1906

Dalibard, Thomas François 1703-1799
Davy, Sir Humphry 1778-1829
Delor, Maurice
Deprez, Marcel 1843-1918
Du Buat, Pierre-Louis-Georges 1734-1809
Du Fay, Charles François de Cisternay 1698-1739

Edison, Thomas Alva 1847-1931

Faraday, Michael 1791-1867
Ferraris, Galilei 1847-1897
Ferrié, Gustave 1868-1932
Foucault, Jean-Léon 1819-1868
Fourier, Joseph 1768-1839
Franklin, Benjamin 1706-1790
Fresnel, Augustin 1783-1827

Galileo, Galileo Galilei 1564-1642
Galvani, Luigi 1737-1798
Gaulard, Lucien 1850-1888
Gauss, Karl Friedrich 1777-1855
Geissler, Heinrich 1814-1879
Gibbs, Josiah Willard 1839-1903
Gilbert, William 1544-1603
Goethe, Johann Wolfgang von 1749-1832
Gramme. Zénobe 1826-1901
Gray, Stephen 1670-1736
Guericke, Otto von 1602-1685

Hallwachs, Wilhelm 1859-1922
Helmholtz, Hermann von 1821-1894
Henry, Joseph 1797-1878
Hertz, Heinrich 1857-1894
Hittorf, Wilhelm 1834-1914
Hoch, Franz-Ulrich Theodor, gen. Aepinus, 1724-1802
Huygens, Christiaan 1629-1695

Joubert, Jules-François 1834-1910
Joule, James Prescott 1818-1889

Kerr, John 1824-1907
Kleist, Ewald Georg von 1700-1748

Laplace, Pierre Simon de 1749-1827
Le Monnier, Pierre-Claude 1715-1799
Leblanc, Maurice 1857-1923
Leblanc, Maurice 1864-1941
Leibnitz, Gottfried Wilhelm 1646-1716
Lenz, Heinrich 1804-1865
Lippmann, Gabriel 1845-1921
Lorentz, Hendrick-Anton 1853-1928
Lémery, Nicolas 1645-1715

Mariotte, Edme 1620-1684
Mascart, Eleuthère 1837-1908
Maxwell, James Clerk 1831-1879
Mayer, Robert von 1814-1874
Mendeleiev, Dimitri Ivanovitch 1834-1907

Morse, Samuel 1791-1872
Moseley, Gwyn-Jeffreys 1887-1915
Musschenbroek, Petrus von 1692-1761

Newton, Sir Isaac   1642-1727
Nollet, Jean-Antoine, 1700-1770

Oersted, Christian 1777-1851
Ohm, Georg Simon 1789-1854

Pacinotti, Antonio 1841-1912
Papin, Denis 1647-1714
Parsons, Sir Charles 1854-1931
Pascal, Blaise 1623-1662
Peltier, Jean 1785-1845
Pixii, Nicolas-Constant 1776-1861
Planté, Gaston 1834-1889
Poincaré, Henri 1854-1912
Poisson, Denis 1781-1840
Poncelet, Jean-Victor 1788-1867
Pouillet, Claude 1791-1868
Priestley, Joseph 1733-1804

Rateau, Auguste 1863-1920
Romas, Jacques de 1713-1776
Röntgen, Wilhelm-Conrad 1845-1923
Rühmkorff, Heinrich-Daniel 1803-1877

Savart, Félix 1791-1841

Seebeck, Thomas Johann 1770-1831
Siemens, Werner von 1816-1892
Steinmetz, Charles Proteus 1855-1923
Stephenson, George 1781-1848
Stevin, Simon, gen. Simon de Bruges 1548-1620
Séguin, Marc 1786-1875

Thales van Milete Mitte 7.– Mitte 6. Jhdt. v. C
Thomson, Elihu 1853-1937
Thomson, William Lord Kelvin 1824-1907

Verdet, Marcel-Emile 1824-1866
Vinci, Leonardo da 1452-1519
Volta, Alessandro 1745-1827

Watt, James 1736-1819

Biographische Anmerkungen

1877

Raoul Ernest Joseph Dufy wurde am 3. Juni 1877 in Le
Havre als zweitältestes von elf Kindern von Marius Dufy
und Marie Eugénie Ida Lemonnier geboren. Die Familie
war besonders musikalisch (sein Vater spielte u.a. Orgel)
und auch Raoul Dufy interessierte sich sein Leben lang
für Musik.

1892

Ab 1892 belegte er Abendkurse an der École des Beaux-
Arts in Le Havre, wo er Unterricht von Charles Lhuillier,
einem großen Bewunderer Ingres', bekam. Hier begegnete er George Braque und Emile Othon Friesz, mit dem er
in Parijs ein Atelier teilte.

1895-1898

Dufy macht Bekanntschaft mit dem Werk Eugène Boud-
ins (der längere Zeit in Le Havre wohnte und arbeitete),
und besucht die Museen der Umgebung, insbesondere
das *Musée de Rouen.*
Dufy beginnt seine Laufbahn als Maler mit Portraits seiner selbst und seiner Familie. Daneben konzentrierte er
sich auf Landschaftsaquarelle.

1898-1899

Nach einjährigem Militärdienst geht Dufy mit einem Stipendium der Stadt Le Havre nach Paris. Dort angekommen, schreibt er sich In Parijs aangekomen, schreibt er sich an der *École nationale supérieure des Beaux-Arts* ein und erhält Zutritt zum Atelier Léon Bonnat. Er beginnt mit dem Malen von Stadtansichten und Landschaften, taucht in die Pariser Kunstwelt ein und entdeckt für sich Paul Cézanne. Sein Interesse gilt in der Zeit aber vor allem noch den Entwicklungen der Impressionisten, etwa Camille Pisarro.

1903

Dufy nimmt an einer Gruppenausstellung bei Berthe Weil teil, bei der er in den kommenden Jahren regelmäßig ausstellen wird. Er beginnt, mit der von ihm so genannten ›couleur pure‹, der ›reinen Farbe‹, zu experimentieren.

1906

Ausstellung *Cercle de l'art moderne*, Le Havre, organisiert von Friesz, zusammen mit u.a. Braque, Derain, Friesz, Manguin, Marquet, Matisse, Puy und Vlaminck. In dem Sommer malt Dufy gemeinsam mit Albert Marquet an der normannischen Küste in Sainte-Adresse, Trouville, Honfleur, Dieppe und Fécamp.
In den Jahren, die folgen, unternimmt Dufy mehrere Reisen allein und mit Künstlerkollegen. So fährt er mit Braque nach l'Estaque und mit Friesz nach München. Er

nimmt erstmals am Salon d'Automne teil, trifft Henri Matisse und gerät unter den Einfluß des Fauvismus.

Dufy schließt Freundschaft mit einer Dichtergruppe, insbesondere mit Roger Allard und Guilaume Appollinaire. Er beginnt mit Buchillustrationen - Zeichnungen, Holzschnitte und Stiche. Zu den bedeutendsten Werken jener Zeit gehören die Illustrationen für Apollinaires ›Bestiaire‹ (1910). Seine Experimente mit der ›reinen Farbe‹ hat er unterdessen zur Seite gelegt. Beeinflußt von Cezanne malt er und untersucht er dessen Verwendung von Farbe und Form. Maurice Denis kauft eines seiner Werke.

1911

Dufy mietet das Atelier in der *impasse Guelma 5*, das er sein Leben lang behält – selbst nachdem er aus gesundheitlichen Gründen die meiste Zeit in Südfrankreich verbringt.
Inzwischen hat Dufy sich mit dem Modeschöpfer Paul Poiret angefreundet. Poiret hat eine kleine Fertigungsstätte am Boulevard de Clichy und lädt ihn ein, Entwürfe für seine Stoffe zu machen. Diese Arbeit als Dekorateur bleibt Zeit seines Lebens eine wichtige Tätigkeit.

1912

In 1912 schließt er einen Vertrag mit dem Fabrikanten von Seidestoffen in Lyon, Atuyer-Bianchini-Féreier, dem er bis 1925 als Designer verbunden blieb. Dufy liefert die

Gouachen und Aquarelle für Stoffe, die vom Atelier de
Tournon gewebt werden. In den Jahren illustriert er auch
eine große Anzahl Bücher.

1917-1918

Dufy bekommt eine Anstellung beim *Musée de la Guerre*,
in das er die *Peintres Independants* einführt. Er assistiert regelmäßig bei Empfängen im *Café des Tourelles de Passy*
und begegnet Dichtern wie Paul Valery kennen.

1921

Erste Retrospektive bei Bernheim-Jeune in Paris.

1922 -1923

Reisen nach Venedig, Florenz, Rom, Neapel, anschlies-
send nach Sizilien. Dort beeindrucken ihn besonders die
Landschaft der sizilianischen *nature sauvage* und die grie-
chischen Tempelruinen in Agrigentum, Selinunte und
Segesta. Studie der ›Antiken‹ und Renaissance-Malerei.
Begegnung mit dem katalanischen Keramiker Josep
Llorens Artigas, mit dem er bis 1930 zusammenarbeitet.

1925

Dufy reist nach Marokko mit Poiret, der ihn bittet, seine
Peniche zu dekorieren, für die er vierzig Wandteppiche
entwirft, die von Bianchini gewoben werden. Von jetzt an
bestimmen Farben und Licht seine Arbeit.

1927

Er beginnt mit dem Entwurf für das Eßzimmer des
Hauses seines Freundes Paul Viard. Aufenthalt in Nizza,
dem Geburtsort seiner Frau. Dufy ändern einmal mehr
seinen Stil (was ihm später zum Vorwurf gemacht wird).

1928-1929

Schafft eine Wanddekoration für den Salon der *Villa
l'Altana* (Antibes) für den Bankier Arthur Weisweiller.
Zurück in Parijs in der impasse Guelma beginnt er mit einer Serie Aktportraits, den ›*nus á l'Atelier*‹.

1929

Die Stadt Paris wird zum Thema der kommenden Jahre.
Buchillustrationen (Stiche und Radierungen) für Am-
broise Vollard.

1934

Ausstellung im *Palais des Beaux-Arts*, Brüssel. Intensive
Studie von Techniken ›Alter Meister‹ der (frühen) italienischen Renaissance und der flämischen sog. ›Primitiven‹. Bekanntschaft mit Jacques Maroger und dessen
chemischen Experimenten mit Farbe.

1936-1937

Auftrag für die Ausstattung für das neue Theater des
Palais de Chaillot, gefolgt von einem Auftrag für den *Palais
de la Lumière et de l'Electricité* auf der Pariser Weltausstel-

lung von 1937: *La Fée Électricité*. Währenddessen stellte er eine Serie aus 34 Gemälden in einem Saal des *Petit Palais* aus für die *Exposition des Maîtres de l'Art Independent*.

1937

Erste Anzeichen von Rheuma. Auftrag für zwei Dekors für die *singerie* (Affenhaus) des *Jardin des Plantes* in Paris. Dufy unterzeichnet eine Petition gegen die Ausstellung *Entartete Kunst*, zusammen mit Matisse, Lipschitz, Zadkine und Masereel, als Unterstützung des Protests von Paul Wertheim (eine seiner wenigen politischen Stellungnahmen).

1938

Reise nach Venedig.

1940-1946

Mit Beginn des 2. Weltkriegs zieht sich Dufy zuerst nach Nizza, dann nach Céret, schließlich nach Perpignan zurück, wo das Klima seiner Gesundheit zuträglicher ist. Das Werk dieser Phase wird, neben Seestücken und Landschaften vor allem von Atelierstücken bestimmt. Louis Carré wird sein Galerist in Paris.

1947-1948

Dufy nimmt wieder mit dem Entwurf von Teppichen, die in einer Ausstellung bei der Galerie Louis Carré gezeigt werden.

1949 – 1951

Reisen nach Spanien und in die Vereinigten Staaten und unterzieht sich in Boston einer (damals neuen) Cortisonbehandlung seines rheumatischen Leidens.

1951

Pierre Courthion veröffentlicht seine Monographie *Raoul Dufy* (Genf, 1951).

1952

Zurück in Frankreich, läßt Dufy sich aus gesundheitlichen Gründen bei Forqualquier nieder, seinem letzten Wohnort. Im selben Jahr erhält er eine Einladung, Frankreich auf der *XXVI. Biennale di Venezia* zu vertreten und wird mit dem *Grand Prix international de Peinture* ausgezeichnet. Pierre Courthion organisiert eine Übersichtsausstellung im *Musée d' Art et d'Histoire de Genève*.

1953

Raoul Dufy stirbt am 25. März in Forqualquier.

Inhalt